A^tV

KLAUS SEEHAFER, 1947 in Alsfeld/Hessen geboren, seit 1976 Leiter der Stadtbibliothek in Diepholz/Niedersachsen. Breite Resonanz fanden seine Goethe-Publikationen: die Biographie »Mein Leben ein einzig Abenteuer« (1998) sowie die Sammlungen »Mit Seide näht man keinen groben Sack. Kleine feine Gemeinheiten« (1999) und »Kleine Philosophie des Glücks« (2004). Auch als vielseitiger Lyrik-Herausgeber hat sich Klaus Seehafer einen Namen gemacht: Wenn ich durch Wald und Fluren geh. Deutsche Naturgedichte der Klassik und Romantik (2000); Ich wandle unter Blumen. Die schönsten Gartengedichte (2000); Morgen, Kinder, wird's was geben. Gedichte zur Weihnachtszeit (2001); Joseph von Eichendorff, Hundert Gedichte (2003). In Zusammenarbeit mit den Bremer Fotografen Cordula Hamann und Uwe Mädger gab er den Band »Im Laub ein leis Geflüster. Romantische Gartenlust« (2001) heraus. Im Gustav Kiepenheuer Verlag erschien 2004 die Anthologie »Das Weihnachtsland. Heiteres und Besinnliches aus dem Erzgebirge«.

Wer möchte nicht gern mitreden, wenn es heißt: »Schon Goethe sagte ...«? Aber wer kennt die Hauptwerke des Dichters wirklich, wer erinnert sich der Stationen von Fausts Weltenreise, und wie war das eigentlich mit den Liebesverwicklungen über Kreuz in den »Wahlverwandtschaften«? Und – Respekt beiseite – lohnt sich die Lektüre überhaupt noch?

Pointiert und gutgelaunt präsentiert uns Klaus Seehafer die Nacherzählungen der großen Dramen und Romane, der Erzählungen und autobiographischen Bücher. Dabei stellt sich heraus, daß die behandelten Stoffe allemal bedenkenswert, meistens unterhaltsam und manchmal von einer Modernität sind, die man dem Altmeister gar nicht zugetraut hätte. Ein Intensivkurs der besonderen Art, der die klassischen Werke aus ihrer leserfernen Entrücktheit befreit.

Klaus Seehafer

Goethe
für Eilige

Aufbau Taschenbuch Verlag

ISBN 3-7466-1889-4

3. Auflage 2005
© Aufbau Taschenbuch Verlag GmbH, Berlin 2002
Umschlaggestaltung Mediabureau Di Stefano, Berlin
unter Verwendung eines Fotos von Cinetext
Druck Ebner & Spiegel, Ulm
Printed in Germany

www.aufbau-taschenbuch.de

Goethe, am Fenster seiner römischen Wohnung lesend
Federzeichnung von Johann Heinrich Tischbein
Stiftung Weimarer Klassik

INHALT

Zuvor 11

Dramen

Faust. Der Tragödie Erster Teil 15
Faust. Der Tragödie Zweiter Teil 26
Götz von Berlichingen mit der eisernen Hand 42
Egmont 50
Iphigenie auf Tauris 56
Torquato Tasso 65

Romane und Erzählungen

Die Leiden des jungen Werthers 75
Wilhelm Meisters Lehrjahre 83
Wilhelm Meister Wanderjahre 94
Die Wahlverwandtschaften 102
Unterhaltungen deutscher Ausgewanderten 108
Das Märchen 122
Novelle 128
Der Mann von funfzig Jahren 134

Epen und Gedichtzyklen

Hermann und Dorothea 143
Reineke Fuchs 153
Römische Elegien • Venezianische Epigramme 161
West-östlicher Divan 169

Inhalt

»Aus meinem Leben«

Dichtung und Wahrheit 177
Italienische Reise 183

Anhang

»Mein Leben ein einzig Abenteuer« 189
Jeder kennt ihn: Goethes Wirkung 200
Geflügelte Worte oder Goethe für ganz Eilige 203
Kleine Warnung für Voreilige 214
Goethe für Geduldige 219

»Bey meinem Streben und Streiten und Bemühen bitt ich euch nicht zu lachen, zuschauende Götter. Allenfalls lächlen möcht ihr, und mir beystehen.«

Goethe, Tagebucheintrag vom 25. Juli 1779

Zuvor

Meine Goethe-Ausgabe hat rund 21 000 Seiten. Dazu kommen 5 000 Seiten naturwissenschaftliche Schriften und 2 000 Seiten Zeichnungen. Das sollte genügen, um zu entmutigen. Außerdem: Den möchte ich sehen, der Goethe gleich bei der ersten Begegnung liebt. Einfach so, total. Goethe kann man sich nähern, ihn sich nach und nach aneignen und, wenn's gut geht, lieben lernen. Daß es sich lohnt, davon bin ich freilich überzeugt.

In der Schule habe ich irgendwann einmal den »Erlkönig« auswendig lernen müssen. Das war die einzige Berührung mit Goethe. Glück oder Pech? Ich weiß es nicht. Jedenfalls war ich schon Mitte Vierzig, als die erste richtige Auseinandersetzung mit Goethe anfing. Und eigentlich war es weniger eine Auseinandersetzung als ein Kampf Mann gegen Mann: Hier stieß kein eingeschüchterter Schüler des 20. Jahrhunderts auf den unangreifbar großen Klassiker. Ich hatte schon eine ganze Menge gelesen, und ich wußte – im Gegensatz zu dem Vielgerühmten –, wie sich die deutsche Literatur und die Weltliteratur weiterentwickelt hatten.

Goethes Waffen waren von anderer Art: Kenntnis seiner Zeit und ihrer gesellschaftlichen und kulturellen Zusammenhänge, oft sehr ungewöhnliche, gewöhnungsbedürftige Stoffe und immer wieder eine Art zu erzählen, die mich quälte: mal uferte er aus, und ich wurde ungeduldig; dann ging es wieder so zügig und derart verknappt voran, daß ich nachlesen mußte, was schon überblättert war.

ZUVOR

Irgendwann hatte er mich gepackt, und ich machte eine Entdeckung um die andere: »Reineke Fuchs« – ein Epos, aber was für ein derbes, komisches! Die »Italienische Reise« – der bewegendste Baedeker, den es bis heute gibt! »Faust. Der Tragödie zweiter Teil« – nie gesehen, endlich gelesen! Und immer wieder seine Gedichte; es sind ganz einzigartige poetische Zauberkunststücke darunter, wie »Zueignung«, »Willkommen und Abschied«, »Prometheus«, »An den Mond«, »Dem aufgehenden Vollmonde«, »Ein Gleiches«.

Mit einigem bin ich nicht zurechtgekommen, vieles wartet noch auf mich, manches werde ich wohl für immer auslassen. Noch kämpfen wir beide miteinander, doch es ist ein fröhlicher Kampf geworden, und der Sieger nach Punkten steht längst fest. Selbst wenn man mit der Zeit dessen Finten kennt, läßt man sich von einem solchen »Originalkerl« gern unterkriegen.

Und dennoch bleibt diese einschüchternde Zahl: 21 000 Seiten! Versuchen wir's also anders. Setzen wir uns irgendwo zusammen – ein Strandkorb im Sommer oder ein Kamin im Winter wäre förderlich –, und ich erzähle Ihnen die Geschichten der wichtigsten Werke Goethes. Er soll im Kreise seiner Freunde ein hinreißender Erzähler gewesen sein, und das merkt man seinen Dramen, Romanen und Balladen auch an: Immer steckt in ihnen ein packender Handlungskern. Und den, zumindest, könnte man sich ja mal anhören.

DRAMEN

Faust. Der Tragödie Erster Teil

»Die Sonne tönt nach alter Weise / In Brudersphären Wettgesang«: So beginnt eine Geschichte, die im Himmel ihren Anfang nimmt, sich dann auf der Erde unter den verführbaren Menschen fortsetzt und schließlich auf verschlungenen Wegen an ihren Ausgangspunkt zurückkehrt.

Im Kreis der himmlischen Heerscharen sitzt Gott der Herr, und Raphael, Gabriel und Michael singen ihm Lob. Nur der gefallene Engel Mephisto steht beiseite und findet alles Geschaffene herzlich schlecht: »Die Menschen dauern mich in ihren Jammertagen, / Ich mag sogar die armen selbst nicht plagen.« Das Gespräch kommt auf den Doktor Heinrich Faust, der Gott nur sehr verworren dient. Mephisto bestreitet, daß dieser Mann in seinem fortwährenden Drang nach Lust und Weisheit zugleich jemals zur Klarheit finden werde, und geht sogar eine Wette darauf ein. Der Herr nimmt sie an, denn: »Ein guter Mensch in seinem dunklen Drange / Ist sich des rechten Weges wohl bewußt.« Der Himmel schließt sich, die Erzengel übernehmen wieder die ihnen zugeteilten Aufgaben, und die Handlung setzt sich auf Erden fort.

Es ist die Nacht zum Ostersonntag. Faust läuft kreuzunglücklich durch seine Studierstube. So viel offenbares und geheimes Wissen hat er sich angeeignet, so viel experimentiert, und dennoch freut ihn nichts mehr. »Dein Sinn ist zu, dein Herz ist tot!« Er versucht einen Geist zu beschwören, aber als der in all seiner Gewaltigkeit naht, erträgt er ihn nicht. Nach jenem außerordentlichen Besucher tritt ein höchst banaler ins Zimmer: Famulus Wagner, ein »trockner Schleicher« in Schlafrock und Nachtmütze, der selbst jetzt noch an des Meisters Wissensschatz partizipieren will. »Mit Eifer hab ich mich der Studien beflissen; / Zwar weiß ich viel, doch möcht ich alles wissen.«

Wieder allein, entdeckt Faust eine halb vergessene Phiole mit Gift und beschließt, seinem Leben ein Ende zu setzen. Doch in dem Augenblick, als er zu trinken ansetzt, ertönen Glockenklang und Chorgesang: Mitternacht ist vorbei und Christus vom Tode auferstanden. Ein letztes Sträuben des verzweifelten Mannes: »Die Botschaft hör ich wohl, allein mir fehlt der Glaube« – dann bricht er in Tränen aus. Die Erde hat ihn wieder.

Vor den Toren Frankfurts wird Ostern gefeiert. Die Bürger promenieren bei herrlichem Wetter am Main entlang und wissen sich hier und heute nichts Besseres als »ein Gespräch von Krieg und Kriegsgeschrei«. Handwerksburschen machen sich gegenseitig auf die schönsten Vergnügungsmöglichkeiten aufmerksam. Wo soll man sich hinwenden: zum Jägerhaus, zur Mühle, zum Wasserhof? In Burgdorf, so ist zu hören, soll's die schönsten Mädchen geben, überdies das beste Bier und als Dreingabe – wie stets noch – eine Rauferei vom Feinsten. Soldaten singen, Bauern tanzen unter der Linde.

Auch Faust genießt den Tag: »Vom Eise befreit sind Strom und Bäche / Durch des Frühlings holden, belebenden Blick [...]« Und Wagner, der ihn auch jetzt wieder begleitet, staunt, wie beliebt sein Herr und Meister beim Landvolk ist, und Faust senior scheint es auch schon gewesen zu sein. Doch der Sohn weiß mehr und Trauriges: »Mein Vater war ein dunkler Ehrenmann«, habe sich mit alchimistischen Künsten eingelassen, und beide hätten sie nicht nur Leben gerettet, sondern auch auf dem Gewissen.

Der Spaziergang währt den ganzen Tag. Vieles wird an-

und durchgesprochen. Langsam dämmert es, und Kühle kommt auf. Der erste Nebel fällt, man strebt nach Hause.

»Siehst du den schwarzen Hund durch Saat und Stoppel streifen?« fragt der Doktor plötzlich seinen Famulus und hält ihn am Ärmel fest. Wagner sieht in dem Tier nichts weiter als einen schwarzen Pudel, aber Faust glaubt Feuerwirbel auf dessen Spur zu sehen. Der Hund begleitet sie nach Hause und legt sich in der Nähe des Ofens nieder. Faust nimmt eine ausgesprochen österliche Arbeit in Angriff: Immer schon wollte er das Neue Testament in sein geliebtes Deutsch übertragen, stockt aber nun gleich bei den ersten Worten. Endlich glaubt er die rechte, ihm überdies gemäße Variante gefunden zu haben: »Im Anfang war die Tat!«

Auf einmal geht mit dem Hund eine wunderliche Veränderung vor. Er dehnt und streckt sich, Nebel umwölken ihn – plötzlich ist er verschwunden, und Mephisto, angetan mit dem Mantel eines fahrenden Schülers, tritt heran. Faust muß unwillkürlich lachen: »Das also war des Pudels Kern!« Befragt nach seinem Namen, gibt der Fremde wunderliche Antworten. Er sei ein Teil »von jener Kraft, / Die stets das Böse will und stets das Gute schafft.« Und als Faust nicht versteht: »Ich bin der Geist, der stets verneint!« Das hilft ihm zwar auch nicht viel weiter, aber langsam kommt er der Sache doch auf die Spur, denn er merkt, daß der da vor ihm nicht über die Schwelle kommt, weil dort ein Drudenfuß aufgezeichnet ist. Der Doktor ist erstaunt: »Die Hölle selbst hat ihre Rechte? / Das find ich gut, da ließe sich ein Pakt, / Und sicher wohl, mit euch, ihr Herren, schließen?«

Mephisto ist einverstanden und schlägt verschiedene Bedingungen vor, auf die Faust aber nicht eingeht. Ganz offensichtlich gehört er nicht zu denen, die dem Teufel durch ihre Gelüste leicht in die Arme fallen. Endlich kommt man folgendermaßen überein: Der Doktor braucht Kraft und

Lebenszeit, um genügend erforschen zu können, und natürlich auch für den langen Marsch aus der Studierstube in die Welt. An den üblichen Angeboten üblicher Teufel – Reichtum, Macht und rauschendes Leben – ist er wenig interessiert. Indessen: »Werd ich zum Augenblicke sagen: / Verweile doch! du bist so schön! / Dann magst du mich in Fesseln schlagen, / Dann will ich gern zugrunde gehn!« Auf Erden soll Mephisto ab jetzt dem Faust zu Diensten stehen, nach seinem Tode dieser ihm. Die Sache wird aufgeschrieben und der Pakt mit einem Tropfen Blut besiegelt, denn »Blut ist ein ganz besondrer Saft«.

Ehe sie die große Reise antreten, fertigt Mephisto, als Faust verkleidet, schnell noch einen reichlich naiven Schüler ab, um nicht nur ihm, sondern auch seinem Pakt-Partner zu zeigen: »Grau, teurer Freund, ist alle Theorie«. Zunächst macht er dem jungen Mann mit kunstvoller Rhetorik die Philosophie madig, weil hier doch eigentlich immer nur ein Beweis gegen den andern gestellt und letztlich nichts bewirkt werde. Der Schüler wehrt denn auch entsetzt ab: »Mir wird von alledem so dumm, / Als ging' mir ein Mühlrad im Kopf herum.« Auch mit der Metaphysik ist es nichts: »Da seht, daß Ihr tiefsinnig faßt, / Was in des Menschen Hirn nicht paßt«. Mit der Jurisprudenz ebensowenig: »Es erben sich Gesetz' und Rechte / Wie eine ew'ge Krankheit fort«. Und als der Schüler ausgerechnet Mephisto nach der Theologie befragt, stößt er auf gesteigerten Abscheu: »Es liegt in ihr so viel verborgnes Gift, / Und von der Arzenei ist's kaum zu unterscheiden.« Einzig die Medizin habe manch Verlockendes zu bieten: Da könne man den Frauen um die schlanke Hüfte fassen, auch ihr »Pülslein« oder was immer drücken, sei doch »ihr ewig Weh und Ach / So tausendfach / Aus *einem* Punkte zu kurieren«. Ganz offenbar ist diese Wissenschaft – des Teufels!

Danach wird eine luftige Reise unternommen. »Ich muß

dich nun vor allen Dingen / In lustige Gesellschaft bringen, / Damit du siehst, wie leicht sich's leben läßt.« Sie fliegen auf Mephistos Mantel nach Leipzig hinüber und befinden sich auf einmal unter lauter angeheiterten Studenten in Auerbachs Keller. Mephisto singt ihnen ein Lied, das rundum gefällt. Die Stimmung steigt noch, als er ein Loch in den Tischrand bohrt und Wein hervorzaubert, Rheinwein, französischen, ungarischen, grad wie gewünscht. Schließlich grölen alle im Chor: »Uns ist ganz kannibalisch wohl, / Als wie fünfhundert Säuen!«

Mephisto hat noch ein paar teuflischere Taschenspielertricks auf Lager: Vergossener Wein flammt kurze Zeit wie Fegefeuer auf. Dann hält jeder die Nase des Nachbarn für eine Traube und will sie schon mit dem Messer abschneiden. Wieder bei Sinnen, rätseln die jungen Leute noch lange, was ihnen da widerfahren sein mag, zumal einer steif und fest behauptet, er habe den mit der Hahnenfeder auf einem Faß zur Kellertür hinausreiten sehen.

Mit seinen magischen Narreteien hat Mephisto den Doktor nur mäßig beeindruckt. Der will keinen Studentenulk der besonderen Art, ihn verlangt es nach Erkenntnis. Der Teufel merkt, daß Faust für seine Späße zu reif ist, verführbar ist allein die Jugend. Also fliegt er mit ihm zu einer Hexe, die gerade einen höllischen Sud auf dem Feuer hat. Rund dreißig Jahre soll man sich mit diesem Trank vom Leibe schaffen können. Der alternde Doktor trinkt und wird noch einmal zum jungen Mann. Im Zauberspiegel erscheint ihm ein verlockendes Mädchen. »Ist's möglich, ist das Weib so schön? / Muß ich an diesem hingestreckten Leibe / Den Inbegriff von allen Himmeln sehn? / So etwas findet sich auf Erden?«

Jetzt hat ihn Mephisto genau da, wo er ihn haben will. »Du siehst, mit diesem Trank im Leibe, / Bald Helenen in jedem Weibe«, denkt der routinierte Verführer hämisch und will ihn sogleich zu dem Mädchen führen. »Den edlen

Müßiggang lehr ich hernach dich schätzen, / Und bald empfindest du mit innigem Ergetzen, / Wie sich Cupido regt und hin und wider springt.« Kurz darauf sieht Faust ein junges Mädchen aus der Kirche kommen, das gerade die Beichte abgelegt hat. »Über die hab ich keine Gewalt!« meint Mephisto, kriegt aber von dem verliebten Doktor kräftig was zu hören: »Wenn nicht das süße junge Blut / Heut nacht in meinen Armen ruht, / So sind wir um Mitternacht geschieden.« Ein regelrechter Streit entbrennt. Der Teufel fordert allein zwei Wochen dafür, die effektivsten Verführungsmöglichkeiten auszukundschaften. Faust hält dagegen, das würde er ohne teuflische Hilfe in sieben Stunden schaffen. Also gut, Mephisto will versuchen, ihn noch in derselben Nacht in ihr Zimmer zu führen, und auch ein Geschenk besorgen.

Das Mädchen heißt Gretchen. An diesem Abend sitzt es lange in seinem Zimmer, flicht das Haar zu Zöpfen, bindet sie wieder auf und sinnt: »Ich gäb was drum, wenn ich nur wüßt, / Wer heut der Herr gewesen ist!« Kaum hat sie ihr Zimmer verlassen, führt Mephisto besagten Herrn herein, damit er sich umsehen und sein Geschenk dalassen kann. Der fühlt sich tief berührt, vor allem als er hinter dem Bettvorhang die einfache Liegestatt sieht: »Hier möcht ich volle Stunden säumen.«

Als Gretchen zurückkommt, sind die Männer verschwunden. Beim Ausziehen entdeckt sie ein Kästchen mit herrlichem Inhalt. »Was ist das? Gott im Himmel! Schau, / So was hab ich mein' Tage nicht gesehn! / Ein Schmuck! Mit dem könnt eine Edelfrau / Am höchsten Feiertage gehn.«

Mephisto macht sich inzwischen mit Marthe Schwerdtlein bekannt, einer Nachbarin, deren Mann im Krieg verschollen ist und die sich irgendwie durchbringen muß – zur Not mit etwas Kuppelei. In ihrem Garten gelingt es Mephisto abends, Faust und Gretchen zusammenzubringen. Während er mit Marthe auf einer Seite des Laubenganges hinunterpromeniert, spazieren die Verliebten auf der anderen herauf. Gretchen weiß vor Schüchternheit kaum, was sie sagen soll. »Ich weiß zu gut, daß solch erfahrnen Mann / Mein arm Gespräch nicht unterhalten kann.« Aber Faust beruhigt sie: »*Ein* Blick von dir, *ein* Wort mehr unterhält / als alle Weisheit dieser Welt.« Nach diesem Treffen denkt der verjüngte Doktor nur noch daran, wie er zu einer ersten Liebesnacht mit diesem Mädchen kommen kann. Hohes und Niederes toben in ihm. Den Intellektuellen hat die Liebe wie ein Blitz getroffen.

Das verliebte Gretchen ist von alldem überfordert und sagt »zu allen Sachen ja. / Bin doch ein arm unwissend Kind, / Begreife nicht, was er an mir findt.« Als sich die beiden das nächste Mal in Marthes Garten treffen, bereiten sie alles für ein ungestörtes Tête-à-tête vor. Gretchen wird die Tür offenlassen und der Mutter drei Tropfen Schlafsaft, den ihr Faust gegeben hat, ins Getränk mischen. So sehr liebt sie ihren Heinrich bereits, daß sie alle Scheu vergißt, ihm zu Willen sein möchte und sich mit allen Kräften des Leibes und der Seele darauf freut.

Eins aber macht ihr zu schaffen. Sie bringt allen Mut auf und fragt den Geliebten: »Nun sag, wie hast du's mit der Religion? / Du bist ein herzlich guter Mann, / Allein ich glaub, du hältst nicht viel davon.« Auf diese einfache Frage erhält sie umwundene Antworten: »Mein Liebchen, wer darf sagen: / Ich glaub an Gott?« Und: »Gefühl ist alles; / Name ist Schall und Rauch« – und noch lange so weiter. Aber in diesem Punkt kann man Gretchen nichts vormachen: »Wenn man's so hört, möcht's leidlich scheinen, / Steht aber doch immer schief darum; / Denn du hast kein Christentum.« Sie spürt genau, daß da etwas nicht stimmt, und geht sogar noch weiter: »Der Mensch, den du da bei dir hast, / Ist mir in tiefer innrer Seele verhaßt; / Es hat mir in meinem Leben / so nichts einen Stich ins Herz gegeben /

Als des Menschen widrig Gesicht.« Faust ist tief erschrocken über ihr feines Gespür. Doch läßt sich längst nichts mehr rückgängig machen, Gretchens Schicksal ist mit dem seinen verwoben, die Dinge nehmen ihren Lauf.

Von Liebesnächten wird nichts erzählt, auch wenn mittlerweile Wochen, vielleicht Monate ins Land gegangen sind, wohl aber von einer Begegnung am Brunnen, die Gretchen tief beunruhigt. Da wird der neueste Jungmädchenklatsch besprochen. Lieschen weiß von Sibylle, warum das Bärbelchen gar nicht mehr kommt. Hat so lange an ihrem Kerl gehangen, da »ist denn auch das Blümchen weg«. Und? »Sie füttert zwei, wenn sie nun ißt und trinkt.« Gretchen geht mit schwerem Herzen nach Hause. Hat sie sich nicht früher auch über solche wie Bärbelchen erhoben und ihre feste moralische Meinung dazu gehabt? »Und bin nun selbst der Sünde bloß! / Doch – alles, was dazu mich trieb, / Gott! war so gut! ach war so lieb!«

Ihr Bruder, ein Soldat mit Namen Valentin, ist längst dahintergekommen, daß ein unbekannter feiner Herr mit seiner Schwester schläft. Bislang hat er sie immer als Vorbild aller Frauen hinstellen können, und jetzt soll ihn jeder dahergelaufene Schurke verspotten dürfen? Als sich Faust eines Abends wieder einmal in Begleitung Mephistos dem Hause Gretchens nähert, springt Valentin aus dem Schatten und greift ihn an. Aber wie es der Teufel so will, erlahmt ihm die Hand genau in dem Augenblick, als Faust sich wehrt und zusticht. Die herbeigeschrienen Nachbarn rotten sich zusammen. Der ungleiche Kampf geht für Valentin tödlich aus. Schwerverwundet, schimpft er seine verzweifelte Schwester eine Hure, möchte Marthe, das »schändlich kupplerische Weib«, verprügeln, stirbt endlich »als Soldat und brav«.

Blitzschnell hat Mephisto sich und Faust in das wilde Harzgebirge entrückt, dorthin, wo die Hexen leben, in die Gegend von Schierke und Elend. Gretchen aber ist nun ganz allein und verzweifelt. Nicht einmal der Besuch des Hochamtes im Dom kann ihr mehr Halt geben, denn immer, wenn der Chor fromme lateinische Verse singt, flüstert ein böser Geist ihr die Schande ins Gewissen. Endlich fällt sie – »Nachbarin! Euer Fläschchen!« – in Ohnmacht.

In der Nacht vom 30. April zum 1. Mai – Walpurgisnacht! – findet sich Faust auf dem Brocken wieder. Bei dieser Jahreshauptversammlung aller Hexen, Zauberer und bösen Kräfte muß Mephisto natürlich anwesend sein. Während man den Berg hinaufsteigt, bekommt Faust die irrwitzigsten und perversesten Dinge zu sehen, zu hören, ja zu riechen. Sein Erkenntnisdrang ist wiedererwacht, und zwar so stark, daß er alles zuvor Erlebte vergißt. Links und rechts des Weges locken bunte Flammen. »Doch droben möcht ich lieber sein! / Schon seh ich Glut und Wirbelrauch. / Dort strömt die Menge zu dem Bösen; / Da muß sich manches Rätsel lösen.«

Im Steigen kommt man an erwarteten und unerwarteten Statthaltern der Finsternis vorbei, trifft General und Minister, Gräfin und Parvenü, Autor und Literaturkritiker. Was für ein Wirbel! »Der ganze Strudel strebt nach oben; / Du glaubst zu schieben, und du wirst geschoben.« Eine allgemeine Polonaise beginnt, und Faust tanzt mit Lilith, einer frivolen Schönheit von verwirrend erotischem Reiz. (Sie soll einst, noch vor Eva, die erste Frau Adams gewesen sein!) Doch läßt er sie entsetzt los, als ihr eine rote Maus aus dem Mund springt, und sein Blick fällt auf ein abseits stehendes blasses Mädchen, das seinem Gretchen gleicht.

Auf einmal ist die Erinnerung wieder da, aber was muß er sehen: »Fürwahr, es sind die Augen einer Toten, / Die eine liebende Hand nicht schloß. / Das ist die Brust, die Gretchen mir geboten, / Das ist der süße Leib, den ich genoß.« Es sei nur Zauberei und Unsinn, will ihm Mephisto einreden, und Faust ein leicht zu irritierender Tor. Aber der sieht noch mehr: ein rotes Schnürchen um den schönen

Hals, Symbol der Hinrichtung durch das Schwert. Noch weiß er gar nicht, wieviel Unheil er zu Hause hinterlassen hat. Nicht nur Gretchens Bruder, auch die Mutter ist tot, am Schlafsaft gestorben. Seine Geliebte war schwanger, als er sie verließ, und als das Kind auf die Welt kam, hat die Alleinstehende es, halb wahnsinnig vor Angst, umgebracht. Nun sitzt sie im Gefängnis und soll hingerichtet werden.

Noch einmal versucht Mephisto, seinen Wackelkandidaten abzulenken, und besucht mit ihm eine höllische Theateraufführung, den »Walpurgistraum«, ein Stück aus lauter giftigen Kurzmonologen. Faust aber will zurück in die Wirklichkeit.

An einem trüben Tag steht er auf einsamem Feld und begreift erst jetzt das ganze Ausmaß dessen, was Gretchen erlitten hat und leidet. Er ist fassungslos, empört, spricht zum ersten und einzigen Mal Prosa mit dem Teufel: »Und mich wiegst du indes in abgeschmackten Zerstreuungen, verbirgst mir ihren wachsenden Jammer und lässest sie hülflos verderben!«

»Sie ist die erste nicht!« bekommt er kühl zur Antwort. Da rastet der Doktor aus, beschimpft Mephisto »Hund! abscheuliches Untier!« und droht ihm schließlich: »Rette sie! oder weh dir! Den gräßlichsten Fluch über dich auf Jahrtausende!« Der Teufel verspricht, dem Wächter die Sinne zu umnebeln. Faust soll derweil die Schlüssel an sich nehmen und Gretchen aus dem Gefängnis holen. »Ich wache! die Zauberpferde sind bereit, ich entführe euch.«

Endlich steht Faust vor dem kleinen eisernen Türchen, hinter dem seine Geliebte eingesperrt ist. »Mich faßt ein längst entwohnter Schauer, / Der Menschheit ganzer Jammer faßt mich an.« Nichts mehr von geistigen oder leiblichen Freuden. Jetzt ist Nacht in ihm und Finsternis ringsum. Von drinnen hört er den entrückten Gesang eines gebrochenen Menschenkindes. Gretchens Stimme.

Er schließt auf, will ihr die Ketten abnehmen. Warum

wehrt sie sich so seltsam? Glaubt sie, er sei der Wächter schon, der Henker gar? Alles, was sie in den letzten Monaten erlebt hat, schüttelt ihr Verstand jetzt wie in einem Kaleidoskop durcheinander: Das Kind habe man ihr weggenommen, der Freund werde zum Schergen; und als Faust voller Liebesjammer vor ihr niederkniet, meint sie, es ginge zum letzten Gebet, und hört schon das Heulen der Hölle.

Allmählich klären sich ihre Gedanken. Sie erkennt den Geliebten, begreift ihre Tat, gibt Faust letzte Anweisungen, wie mit den Gräbern zu verfahren sei: der Mutter den besten Platz, den Bruder gleich daneben, sie selber ein wenig abseits, das tote Kindchen aber möge man ihr an die rechte Brust legen. Schon holen sie die grausigen Erinnerungen an ihre Untat wieder ein.

Mephisto drängt. Faust drängt, aber Gretchen will nicht mit. »Ich darf nicht fort; für mich ist nichts zu hoffen. / Was hilft es fliehn? Sie lauern doch mir auf.« Noch in ihrer geistigen Umnachtung aber erweist sie sich als dem Teufel überlegen. »Gericht Gottes! Dir hab ich mich übergeben!« ruft sie demütig aus und: »Heinrich! Mir graut's vor dir« – hat sie doch erkannt, daß der Böse mit ihrem Liebsten ist.

»Sie ist gerichtet!« johlt Mephisto triumphierend. »Ist gerettet!« tönt eine gewaltige Stimme aus dem Himmel herab. Drauf krallt sich der Teufel den Doktor – »Her zu mir!« – und ist mit ihm verschwunden.

Faust. Der Tragödie Zweiter Teil

Was in Wahnsinn und Verzweiflung endete, setzt auf anderer, buchstäblich ausgeruhter Ebene neu ein. In einer zeitlos anmutigen Gegend liegt Faust auf einer Wiese voller Blumen. Der Luftgott Ariel befiehlt seinem Geisterkreis, dem Unruhigen zu helfen: »Besänftiget des Herzens grimmen Strauß, / Entfernt des Vorwurfs glühend bittre Pfeile, / Sein Innres reinigt von erlebtem Graus.«

Allmählich löst ein tiefer Heilschlaf Sinn und Glieder des Verzweifelten. Als sich der neue Tag ankündigt, erwacht er gestärkt und spürt: Des »Lebens Pulse schlagen frisch lebendig«. Er ahnt die aufgehende Sonne in seinem Rücken und sieht überm Wasserfall den bunten Regenbogen: »*Der* spiegelt ab das menschliche Bestreben. / Ihm sinne nach, und du begreifst genauer: / Am farbigen Abglanz haben wir das Leben.« Und farbig verspricht auch die neue Geschichte zu werden, die uns vom Mittelalter zurück in die Antike, dann wieder in Fausts Epoche führt und schließlich dort endet, wo sie einst begann: in himmlischen Gefilden.

Im Thronsaal des jungen Kaisers hat sich der prächtig gekleidete Staatsrat versammelt. Als der Herrscher den Raum betritt, erfährt er gleich das Neueste: Der alte Narr ist tot. »Man trug hinweg das Fettgewicht«. Doch wunderbarerweise sei gleich ein neuer zur Stelle gewesen, mundfertig wie selten einer. Er habe schon seinen Platz zur Linken des Throns eingenommen, so wie der Astrologe zur Rechten steht. Flugs soll er kommentieren, was die Herren

Minister vorzubringen haben. Wer den Schalk kennt, wird nicht an dessen Kompetenz zweifeln, ist es doch kein anderer als Mephisto. Ob Kanzler, Marschall, Heer- und Schatzmeister, alle jammern sie, und alles Jammern läuft auf immer dasselbe hinaus: Es fehlt am Geld!

Nachdem der Teufel reichlich Gebrauch gemacht hat von der Freiheit des Narren und den hochmögenden Herren seine gepfefferten Wahrheiten in den Nasen jucken, kommt er mit einem erstaunlichen Vorschlag: Hat nicht vor jedem Krieg und in allen Notzeiten das Volk seine Schätze in der Erde vergraben? Und wem gehört die? »Der Boden ist des Kaisers, der soll's haben.« Man brauche also nur noch Papiergeld zu drucken, schließlich sei es durch die Boden-Schätze gedeckt.

Zunächst aber ist Karneval, da will sich der Kaiser nicht weiter den Kopf über fehlende Mittel zerbrechen. Aschermittwoch kommt früh genug. Und auf geht's zum Maskenball, der in einem weitläufigen Saal mit vielen Nebengemächern gefeiert wird. Blumen- und Früchtemasken tauchen auf, Gärtner, Fischer und Vogelsteller, Trunkenbolde, Parasiten, die Parzen und die Furien, Furcht und Hoffnung, ein nicht enden wollender Zug symbolischer Gestalten. Zwischen den vielen aber: Faust als Gott des Reichtums, und Mephisto gibt den Geizkragen dazu. Noch einmal spielt der Teufel – wie damals vor den Leipziger Studenten – sein »Flammengaukelspiel«. Diesmal ist es der Kaiser, der scheinbar in Flammen aufgeht, und die zu Hilfe Eilenden fangen ebenfalls Feuer. Aber so viel Zauberkunst hat Faust nun auch schon gelernt, um dem Spuk ein schnelles Ende zu bereiten – und dem Kaiser einen pyrotechnischen Jux, den dieser ausgesprochen genießt.

Als die Morgensonne abermals aufgeht, ist das bunte Fest zwar vorbei, dennoch ist von Katzenjammer nichts zu merken. Der Hofstaat, zu dem nun auch die beiden unbekannten Magier gehören, ist sogar ausgesprochen guter

Laune. Der Marschall hat alle Schulden des Staates begleichen, der Heermeister den Soldaten ihren Lohn aushändigen können. Woher stammt das ganze Geld? Der Kanzler liest dem Herrscher jenes schicksalsschwere Blatt vor, womit alles zum Guten gewendet worden sei: »Zu wissen sei es jedem, der's begehrt: / Der Zettel hier ist tausend Kronen wert. / Ihm liegt gesichert, als gewisses Pfand, / Unzahl vergrabnen Guts im Kaiserland.« Unterschrift: Der Kaiser! Der kann sich nicht erinnern, so etwas gestern nacht unterschrieben zu haben, bezweifelt auch die Wirksamkeit. Aber Mephisto beruhigt ihn: »Ein solch Papier, an Gold und Perlen Statt, / Ist so bequem, man weiß doch, was man hat, / Man braucht nicht erst zu markten noch zu tauschen«.

Kaum ist diese Aufgabe gemeistert, wird schon die nächste Forderung an Faust gestellt, dem man – da er nun als der wundersame Geldvermehrer gilt – noch viel mehr zutraut: »Der Kaiser will, es muß sogleich geschehn, / Will Helena und Paris vor sich sehn; / Das Musterbild der Männer so der Frauen / In deutlichen Gestalten will er schauen.« Also drängt der Doktor den Teufel, obwohl ihn diese Narretei peinlich berührt: »Du hast, Geselle, nicht bedacht, / Wohin uns deine Künste führen; / Erst haben wir ihn reich gemacht, / Nun sollen wir ihn amüsieren.«

Selbst Mephisto ist die Sache diesmal nicht geheuer, weil er weiß, daß es zur Erfüllung dieses Wunsches eines viel stärkeren und gefährlicheren Zaubers bedarf als für einen feurigen Karnevalsspaß: Faust muß ins Reich der Mütter! »Ins Unbetretene, / Nicht zu Betretende; ein Weg ans Unerbetene, / Nicht zu Erbittende. Bist du bereit?« Was immer Faust mit dem Wort »Mütter« auch verbindet, bei solcher Wegbeschreibung sträuben sich ihm die Haare. Am Ziel wird er auf einige Wahrsagerinnen des Altertums treffen und ihren glühenden Dreifuß mit Hilfe eines Zauberschlüssels entführen müssen.

Schon will Mephisto dem Doktor zynisch kommen, da bricht in diesem die Neugierde des wahren Wissenschaftlers durch: »Doch im Erstarren such ich nicht mein Heil, / Das Schaudern ist der Menschheit bestes Teil; / Wie auch die Welt ihm das Gefühl verteure, / Ergriffen, fühlt er tief das Ungeheure.« – Da schau her: Faust als Erfinder der Erlebnisforschung!

Jedenfalls tut er, wie ihm geheißen, und ist am Abend wieder zurück von seiner Reise ins »Unbetretene, / Nicht zu Betretende«. Kaiser und Hof erhoffen sich im großen Rittersaal des Schlosses ein einzigartiges Spektakel. Faust steigt aus der Tiefe empor. Melodisch tönendes Gewölk senkt sich aus der Höhe. »Ein schöner Jüngling tritt im Takt hervor. / Hier schweigt mein Amt, ich brauch ihn nicht zu nennen, / Wer sollte nicht den holden Paris kennen!« Die Damen reißt es förmlich von den Stühlen, so entzückt sind sie über die Anmut seiner Bewegungen, die Frische seiner Jugend. Die Herren dagegen ziehen es vor, sich auf die Bank der Spötter zu setzen und eifersüchtelnde Bemerkungen über den halbnackten Schäferknecht zu machen, der, bekleidet mit einem anständigen Harnisch, vermutlich keine so gute Figur machen würde.

Helena tritt auf, und nun sind die Herren ganz hin: »Fürstinnen hab ich dieser Art gesehn, / Mich deucht, sie ist vom Kopf zum Fuße schön.« Als sie jedoch vor den Augen des gesamten Hofadels Paris einen Kuß auf den Mund gibt, geht das Gegacker ihrer Konkurrentinnen los: »Das Kleinod ist durch manche Hand gegangen«, heißt es, und von dem Jüngling: »In solchem Fall sind alle Männer dumm, / Er glaubt wohl auch, daß er der erste wäre.« Pikierte Reaktionen, als ein Ritter zur Antwort gibt: »Gelegentlich nimmt jeder sich das Beste; / Ich hielte mich an diese schönen Reste.«

Selbst der Doktor läßt sich von der erotischen Strahlkraft seines »Fratzengeisterspiels« derart hinreißen, daß er nach Helena greifen will. In diesem Augenblick schleudert ihn eine gewaltige Explosion zu Boden. Die Erscheinungen gehen in Dunst auf, und unter den Anwesenden entsteht Tumult. Mephisto hebt sein wahrlich mitgenommenes Menschlein auf die Schulter und fliegt davon. »Da habt ihr's nun! Mit Narren sich beladen, / Das kommt zuletzt dem Teufel selbst zu Schaden.« Schimpfend lädt er den Ohnmächtigen daheim, in dessen wohlvertrautem Bett, ab.

In Fausts enger gotischer Studierstube hat sich, obwohl geraume Zeit vergangen ist, nichts verändert. Aus dem einst von Mephisto genasführten Schüler ist ein Baccalaureus geworden, der meint, er brauche keinen Rat mehr, sondern könne ihn selbst erteilen. Ach Gott, ja, diese Professoren von gestern! »Aus den alten Bücherkrusten / Logen sie mir, was sie wußten, / Was sie wußten, selbst nicht glaubten, / Sich und mir das Leben raubten.« Als Mephisto noch einmal sein altes Lehrerspielchen mit ihm treiben will, bekommt er stolz zu hören: »Seht anerkennend hier den Schüler kommen, / Entwachsen akademischen Ruten. / Ich find Euch noch, wie ich Euch sah; / Ein anderer bin *ich* wieder da.« Und empfahlen später die 68er-Studenten »Trau keinem über Dreißig«, geht er sogar noch weiter: »Hat einer dreißig Jahr vorüber, / So ist er schon so gut wie tot. / Am besten wär's, euch zeitig totzuschlagen.« Mephisto verkneift sich, ihn etwa mit der Einsicht zu kränken: »Wer kann was Dummes, wer was Kluges denken, / Das nicht die Vorwelt schon gedacht?« Einer wie er ist natürlich alt genug, um es besser zu wissen: »Wenn sich der Most auch ganz absurd gebärdet, / Es gibt zuletzt doch noch e' Wein.«

Wagner ist mittlerweile selber Doktor geworden und hat einen eigenen Famulus. Wie früher Faust, so forscht und experimentiert er nun die Nächte hindurch. Gerade erschafft er in seinem Laboratorium aus Hunderten von Ingredienzien ein Menschlein, einen Homunculus. Kaum in seiner Phiole zu Leben erwacht, erkennt der künstlich Geschaffene auch schon seinen Vater, pflaumt ihn an (»Nun Väterchen! wie steht's?«) und nennt Mephisto seinen Vetter, der ihm gewiß helfen werde, all seine Pläne rasch voranzubringen. Dann schwebt er in seinem Fläschchen hinüber zu Faust, als wolle er sagen: Zu dem gehör ich wirklich.

Homunculus hat ein paar wunderbare Eigenschaften, von denen im Augenblick die wichtigste ist, daß er Fausts Träume lesen kann. Und der träumt Klassisches, was heißen will: Wenn er jetzt in seinem gotischen Stübchen aufwachte, würde er das nicht verkraften. Mephisto soll also den Schlafenden gefälligst hinüber in die griechische Antike tragen. »Jetzt eben, wie ich schnell bedacht, / Ist klassische Walpurgisnacht«.

Was bitte? fragt Mephisto und muß sich von Homunculus unterstellen lassen, daß er wohl nur die romantischen Geister kenne: »Ein echt Gespenst, auch klassisch hat's zu sein.« Ob er denn noch nie thessalische Hexen erlebt habe? Da wird der Teufel lüstern. Er wickelt Faust in den fliegenden Mantel, und los geht's – das Flaschenmännlein als kleiner Meteor immer nebenher.

Wagner hat das Nachsehen. »Und ich?« fragt er sein Geschöpf beim Abschied und bekommt die freche Antwort, er könne ja weiterhin Pergamente entfalten und Lebenselemente sammeln, das Was bedenken, jedoch noch mehr das Wie: Homunculus würde ihm dann schon das Tüpfelchen aufs i setzen.

48 Jahre vor Christi Geburt hat Cäsar Pompejus auf den Pharsalischen Feldern besiegt. Seither treffen sich hier jedes Jahr am Tag der Schlacht Götter, Halbgötter und allerhand Gesindel aus den Zwischenbereichen des Daseins zu ihrer klassischen Walpurgisnacht. Die Hexe Erichtho schaut nach, wie's hier in der Vergangenheit zugegangen

ist, zeigt hierhin und dorthin und macht sich unversehens aus dem Staub, als sie spürt, daß sich über ihr etwas Menschlich-Lebendiges nähert. Die Luftfahrer setzen zur Landung an, Homunculus dreht noch eine letzte Runde, und genau in dem Augenblick, als Faust den Boden berührt, wacht er mit der Frage »Wo ist sie?« auf.

Bei der Suche nach Helena muß sich Mephisto erst einmal mit allerlei Sphinxen, Greifen, Riesenameisen und Sirenen bekannt machen. Zwar erkennt man einander als Verwandte im Ungeist, aber das trägt keineswegs zu gegenseitiger Sympathie bei. Mephisto fühlt sich sogar ausgesprochen unwohl: »Zwar sind auch wir von Herzen unanständig, / Doch das Antike find ich zu lebendig«. Immerhin wird er schließlich an die höchst attraktiven Lamien verwiesen, »lustfeine Dirnen, / mit Lächelmund und frechen Stirnen, Wie sie dem Satyrvolk behagen; / Ein Bocksfuß darf dort alles wagen.«

Faust dagegen kennt sich – vermutlich dank seiner humanistischen Erziehung – von Anfang an besser aus. Gleich fragt er die Sphinxe: »Ihr Frauenbilder müßt mir Rede stehn: / Hat eins der Euren Helena gesehn?« Leider wissen sie nicht Bescheid, denn: »Wir reichen nicht hinauf zu ihren Tagen, / Die letztesten hat Herkules erschlagen.« Anders als zu Mephisto sind die Sphinxe zu Faust sehr zuvorkommend und verweisen ihn an den edlen Zentauren Chiron.

Der wird am untern Peneios gefunden, wo sich die Wassernymphen tummeln und hundert Quellen zum Bad einladen. Chiron ist zwar wohlgesonnen, vermag des Doktors Wunsch aber nicht nachzuvollziehen: »Mein fremder Mann! als Mensch bist du entzückt; / Doch unter Geistern scheinst du wohl verrückt.« Dennoch läßt er ihn bei sich aufsitzen und bringt ihn zum obern Peneios, wo die Seherin Manto wohnt, eine Tochter des großen Arztes Äskulap. Was der Mann auf des Zentauren Rücken wolle, fragt sie und erfährt: »Helenen, mit verrückten Sinnen, / Helenen will er sich gewinnen«. Manto findet das keineswegs verrückt, es imponiert ihr sogar: »Den lieb ich, der Unmögliches begehrt.«

Chiron galoppiert seiner Wege, und die Seherin führt Faust zum Olymp. An seinem Fuß ist der Eingang zum Hades, wohin sie einst auch Orpheus geleitet hat, damit er seine Eurydike aus dem Reich der Schatten zurückhole. Die Geschichte sei ja bekanntlich schlecht ausgegangen, weil er sich, ungeachtet ihrer Warnung, nach seiner Geliebten umgedreht und sie damit endgültig an die Unterwelt verloren habe. Faust kennt die Geschichte natürlich, will's besser machen, und bald umschließt sie die Dunkelheit der Tiefe.

Mittlerweile geht über Tage zu allgemeinem Vergnügen die klassische Walpurgisnacht weiter. Nur Mephisto hat sich noch immer nicht an die ihm unvertrauten Wesen gewöhnt: »Die nordischen Hexen wußt ich wohl zu meistern, / Mir wird's nicht just mit diesen fremden Geistern.« Auch mit den Lamien war es nichts. Sie verspotteten ihn sogar – »Was soll das lüsterne Geleier? / Du bist ein miserabler Freier« – und erwiesen sich in seinen Händen samt und sonders als verzauberte Besen, Pinienzapfen oder stinkende Boviste. Bevor sie ihm dann nach ihrer Art auch noch das Blut aussaugten, empfahl er sich lieber und ging seiner Wege. »Viel klüger, scheint es, bin ich nicht geworden; / Absurd ist's hier, absurd im Norden«.

Homunculus hat eigene Reisepläne. Er möchte aus dem Reagenzglas heraus und sich weiterentwickeln. Die Kräfte der Natur sollen ihm helfen, und in diesem Zusammenhang hat er viel von den Philosophen Thales und Anaxagoras gehört. »So fahre hin!« ruft ihm Mephisto nach. »Wir wollen's weiter sehn.«

Was das Sehen angeht, wird er sich selber freilich schon bald einschränken, denn endlich hat auch er Wesen entdeckt, welche ihm zusagen: die Phorkyaden nämlich, drei abgrundtief häßliche Chaos-Töchter, die zusammen nur einen Zahn und ein Auge haben. Um sich ihnen beigesellen zu können, muß er halt – ein Auge zudrücken. Die neue Formation freut sich, ihn dabeizuhaben, und bricht in Jubelgesang aus: »Im neuen Drei der Schwestern welche Schöne! / Wir haben zwei der Augen, zwei der Zähne.«

Homunculus hat Glück und findet in Thales einen Reisebegleiter, der ihn, wie das einem Philosophen ansteht, wahrhaft voranbringt. In einer idyllischen Bucht der Ägäis lernt er beim Meeresgötterfest Sirenen, Nereiden, Tritonen und mancherlei Mischwesen kennen. Weil er doch so gern aus dem Fläschchen heraus und Gestalt annehmen möchte, wird er dem Meergott Nereus vorgestellt, der mit seinen hellseherischen Fähigkeiten vielleicht weiterhelfen kann.

Dieser macht allerdings einen recht zerfahrenen Eindruck, aber das täuscht. Er ist nur gerade mit allen Sinnen auf die Ankunft seiner langentbehrten Tochter Galatee konzentriert. Als er gebeten wird, dem Flaschengeist weiterzuhelfen, raunzt er ungehalten: »Was Rat! Hat Rat bei Menschen je gegolten?« Unwirsch zwar, doch letztlich hilfreich weist er ihn weiter: »Hinweg zu Proteus! Fragt den Wundermann: / Wie man entstehn und sich verwandlen kann.«

Thales fürchtet, daß damit nicht allzuviel gewonnen sei, weil der Gott der ewigen Verwandlung auch nur wandelbare Auskunft zu geben pflegt. In der Tat beginnt er erst einmal mit den für ihn so typischen Verwirrspielchen und läßt seine Stimme von ferne so nah vernehmen. Als Schildkröte fragt er, wer denn da so anmutig leuchte, woraufhin der kluge Thales schnell ein Tuch über Homunculus wirft: Wenn Proteus sehen wolle, was sich darunter verberge, müsse er schon menschliche Gestalt annehmen. Das tut er auch, und endlich kann Rat eingeholt werden, und Homunculus bekommt eine vernünftige Antwort: »Im weiten Meere mußt du anbeginnen! / Da fängt man erst im Kleinen an«. Das entspricht ganz Thales' eigener Auffassung:

»Gib nach dem löblichen Verlangen, / Von vorn die Schöpfung anzufangen!«

Der Wandelbare nimmt die Gestalt eines Delphins an, damit Homunculus auf seinem Rücken das Reich des Anbeginns durchstreifen kann. Der Geist in der Flasche ist entzückt. Die Luft ist weich und warm, allerlei Getier durcheilt die Wogen. Vielleicht hat Proteus wirklich recht mit seiner Behauptung: »Das Erdetreiben, wie's auch sei, / ist immer doch nur Plackerei […] / Denn bist du erst ein Mensch geworden, / Dann ist es völlig aus mit dir.«

Auf dem von Delphinen gezogenen Muschelwagen der Liebesgöttin Venus naht die schöne Galatee. War Homunculus schon vorher von allem, was er sah, begeistert, so zerreißt es ihn jetzt buchstäblich. Das Glas zerspringt, und der Kleine ergießt sich in glitzerndem Strom in die Wogen. Seither gibt es das Meeresleuchten!

»Bewundert viel und viel gescholten« tritt uns nun Helena entgegen. Der Krieg, der um ihretwillen entfesselt wurde, ist vorbei. Sie ist wieder daheim bei ihrem Mann, dem König Menelaos von Sparta, umringt von gefangenen Trojanerinnen, die ihr zur Gesellschaft beigegeben sind. Da tritt Mephisto über die Schwelle. Noch immer in der häßlichen Maske der Phorkyas, gibt er vor, die alte Dienerin des Hauses zu sein und schreckliche Dinge gehört zu haben: Helena werde gleich mit all ihren Gespielinnen geopfert. »Schale, Dreifuß, scharfes Beil« lägen schon bereit, nur rasche Flucht könne helfen!

Helena glaubt der sonderbaren Warnerin nicht so recht, auch wenn die Frauen um sie herum zur Flucht drängen. »Ein Widerdämon bist du, das empfind ich wohl / Und fürchte, Gutes wendest du zum Bösen um.« Warum auch sollte ihr Gatte auf einmal so grausam sein? Die alte Frau alias Phorkyas alias Mephisto erinnert sie daran, wie Menelaos auch den Bruder des Paris und andere Feinde habe verstümmeln lassen. Und genau so werde er auch mit ihr verfahren: »Unteilbar ist die Schönheit; der sie ganz besaß, / Zerstört sie lieber, fluchend jedem Teilbesitz.« Doch in einer uneinnehmbaren Burg im Gebirge warte schon der Retter auf sie, ein kluger, zudem angenehm aussehender Mann, der sie liebt. Als sich der Chor der Frauen erkundigt, ob in dieser Hinsicht auch für sie gesorgt sei, werden sie beruhigt: Es gebe dort genügend goldgelockte, tanzbegabte Jünglinge, niemand werde zu kurz kommen.

Nebel breitet sich aus und umhüllt alles. Als er sich verzieht, stehen die Frauen im inneren Hof einer mittelalterlichen Burg. In langer Reihe treten Knaben und Knappen aus dem Haus. Endlich sieht die schönste Frau des Altertums einen Mann in ritterlicher Hofkleidung die große Treppe herunterschreiten: Heinrich Faust, den größten Wissenschaftler der neuen Zeit. Helena ist durch den raschen Zeitenwandel verwirrt, aber bald wird ihr wohler. Der Fremde wirbt mit so schönen Worten, daß sie ihn einfach erhören muß. Ihr besonderes Entzücken gilt der Art, wie er spricht, »seltsam und freundlich. / Ein Ton scheint sich dem andern zu bequemen, / Und hat ein Wort zum Ohre sich gesellt, / Ein andres kommt, dem ersten liebzukosen.« Die Dame hat zum erstenmal Reime vernommen! Faust meint, das lerne jeder leicht, dem die Brust vor Sehnsucht überfließe. Unversehens nimmt er Helenas klassische Sprechweise an, und so drückt sich liebende Verschränkung schon in ihren Gesprächen aus.

In arkadischen Gefilden vollzieht sich die Vermählung. Das Paar zeugt einen an Leib und Gliedern wohlgebildeten Sohn, den sie Euphorion nennen. Es ist, als habe der mittlerweile ruhiger gewordene Vater dem Heranwachsenden seine ganze Lebensunruhe vererbt, denn der hüpft und springt und tanzt von früh bis spät. Eines Tages küßt dieser charmante Luftikus eine Feuernymphe, sie flammt auf und lodert in die Höhe. Das gefällt ihm, gleich klettert er ihr nach, die Felsen hinauf.

Die Eltern ängstigen sich sehr: »Wolltest du den Gemsen gleichen? / Vor dem Falle muß uns graun.« Euphorion hört nicht auf sie und steigt weiter. Oben angekommen, entfaltet er sein Gewand wie ein Flügelkleid und wirft sich, einem zweiten Ikarus gleich, in die Luft. Sein Haupt strahlt in der untergehenden Sonne, ein Lichtschweif zieht ihm nach. Augenblicke später prallt er zu Füßen der Eltern auf und ist tot. Sein Körperliches verschwindet, Licht steigt wie ein Komet zum Himmel, und aus der Tiefe ruft das Kind nach seiner Mutter.

Noch einmal schließt Helena ihren Gemahl in die Arme. »Ein altes Wort bewährt sich leider auch an mir: / Daß Glück und Schönheit dauerhaft sich nicht vereint.« Und sie entschwindet wie ihr Sohn.

Große Verwandlung: Wir stehen im Hochgebirge, und die antike Welt ist wie ein Spuk verschwunden. War das Ganze am Ende nur ein Traum? Ist Faust vielleicht seit der Explosion des »Fratzengeisterspiels« am kaiserlichen Hof noch gar nicht wieder erwacht? Oder erst jetzt, hier im Freien?

Wieder einmal diskutieren die Partner des Paktes über Künftiges. Erneut irrt sich Mephisto, wenn er glaubt, Faust sei auf ein bißchen oberflächliches Glück aus. Der Doktor fühlt Kraft in sich und will wirken: »Die Tat ist alles, nichts der Ruhm.« Während der klassischen Walpurgisnacht hat er das Meer erlebt, hat gesehen, wie leicht es die Ufer zerstören kann, wenn ihm nicht Einhalt geboten wird. Darum will Faust jetzt an den heimatlichen Stränden Deiche bauen lassen.

Unvermittelt hören sie Trommeln und Pfeifen unten im Tal. Im Land herrscht Bürgerkrieg. Der Kaiser hat die Macht nicht mehr fest in seinen Händen, viele der einstigen Getreuen sind ins gegnerische Lager übergelaufen. Jetzt steht er vor der Entscheidungsschlacht. Mephisto stellt dem Doktor drei starke Riesen aus dem Urgebirge zur Verfügung, Raufebold, Habebald und Haltefest. Wenn die noch im herrscherlichen Heere mitkämpfen, sei der Feind so gut wie besiegt. »Erhalten wir dem Kaiser Thron und Lande, / So kniest du nieder und empfängst / Die Lehn von grenzenlosem Strande.«

Faust bietet also Hilfe an: »Dort naht der Feind, die Deinen harren brünstig; / Befiehl den Angriff, der Moment ist günstig.« Erst will der Kaiser noch ohne Unterstützung auskommen, aber dann gerät er derart in Bedrängnis, daß er sie annimmt, und schon bald beginnen die Reihen der Feinde zu wanken. Mephisto setzt noch trügerisch herabstürzende Wasserfälle und eine tiefe Finsternis als flankierende Maßnahmen ein. Am Ende ist der Kampf gewonnen.

Obwohl eigentlich ein Freudentag, gibt sich der Kanzler, der auch Bischof ist, bekümmert: »Mit welchem bittern Schmerz find ich, in dieser Stunde, / Dein hochgeheiligt Haupt mit Satanas im Bunde. / Zwar, wie es scheinen will, gesichert auf dem Thron, / Doch leider! Gott dem Herrn, dem Vater Papst zum Hohn.« Gleich will sich der erschrockene Kaiser freikaufen und gibt das ganze Schlachtfeld zu Lehen und obendrein den dort erwirtschafteten Zehnten. Aber der Bischof möchte auf dem entweihten Boden auch eine Kirche bauen, was – beiläufig bemerkt – sehr viel kosten werde. Also stiftet der Kaiser aus dem Beuteschatz noch Geld dazu.

Schließlich fällt dem Kirchenmann eine letzte, besonders perfide Beutelschneiderei ein. Sie richtet sich gegen Faust, obwohl der doch – zumindest im Ansehen des Hofes – maßgeblich am Sieg beteiligt war. »Es ward dem sehr verrufnen Mann / Des Reiches Strand verliehn; doch diesen trifft der Bann, / Verleihst du reuig nicht der hohen Kirchenstelle / Auch dort den Zehnten, Zins und Gaben und Gefälle.« Dabei ist das versprochene Marschenland dem Meer noch nicht einmal abgewonnen!

Aber mit Teufels Hilfe drängen bald schon große Deiche das Meer so weit zurück, daß riesiger Grundbesitz selbst dort entsteht, wo vorher noch gar kein Land war. Am Ende seines langen Lebens besitzt Faust unendliche Güter und nennt einen Palast sein eigen. Reichbeladene Schiffe kehren heim und mehren ständig seine Besitztümer. Eigentlich könnte der ewig Strebsame jetzt glücklich sein, doch schweben ihm noch immer neue Projekte vor, bleibt er unzufrieden.

Der alte Faust ist in gewisser Hinsicht wie der junge Kaiser: Sind die verständlichen Wünsche erfüllt, folgen die törichten. Auf einem Hügel seines riesigen Besitztums steht ein kleines Haus, in dem Philemon und Baucis wohnen, ein glückliches altes Ehepaar. Genau dort will er jetzt einen Luginsland hinsetzen, um seine Besitzungen überschauen zu können. Die Alten aber wollen nicht verkaufen. Sie scheuen die Strapazen eines Umzugs, weshalb der Teufel etwas nachhelfen soll. Es gebe sogar schon ein Ersatzgrundstück. Aber bei Mephisto, wir wissen es längst, hat das Erfüllen von Wünschen allemal seinen Pferdefuß. Das Häuschen des Paares verbrennt, die alten Leute trifft vor Schreck der Schlag.

Um Mitternacht erscheinen vier graue Weiber vor des Doktors Schloß: Mangel, Sorge, Schuld und Not, und ihr Bruder, der Tod, muß auch schon irgendwo sein. Faust bekommt es mit der Angst zu tun: »Vier sah ich kommen, drei nur gehn.« Tatsächlich hat die Sorge einen Weg gefunden hereinzukommen: Sie ist durchs Schlüsselloch geschlüpft. Faust will ihre Macht nicht anerkennen, doch sie haucht ihn an und flüstert: »Die Menschen sind im ganzen Leben blind, / Nun, Fauste! werde du's am Ende.«

Der alte Faust kann nichts mehr sehen und jagt seine Knechte, Mann für Mann, aus den Betten. Wozu braucht einer wie er Augen, wenn sein Geist noch lebt und Pläne ersinnt? Seine Projekte bekommen jetzt etwas Panisches. Als nächstes sollen der große Sumpf trockengelegt, die neu gewonnenen Gefilde urbar gemacht und viele Menschen dort angesiedelt werden. »Das ist der Weisheit letzter Schluß: / Nur der verdient sich Freiheit wie das Leben, / Der täglich sie erobern muß.« Er malt sich einen Traum aus, dessen Verwirklichung er – genau wie Moses das Gelobte Land – nicht mehr erleben wird: »Solch ein Gewimmel möcht ich sehn, / Auf freiem Grund mit freiem Volke stehn. / Zum Augenblicke dürft ich sagen: / Verweile doch, du bist so schön! / Es kann die Spur von meinen Erdetagen / Nicht in Äonen untergehn.«

Faust, paß auf! möchte man ihm zurufen, doch ist es schon zu spät. Beseligt ruft er's aus: »Im Vorgefühl von solchem hohen Glück / Genieß ich jetzt den höchsten Augenblick.« Er ist zufrieden, endlich. Und damit hat Mephisto seinen Teil des Vertrags eingelöst. Faust hatte es mit seinem Blut einst selbst besiegelt: »Werd ich zum Augenblicke sagen: / Verweile doch! du bist so schön! / Dann magst du mich in Fesseln schlagen, / Dann will ich gern zugrunde gehn!«

Er stirbt. Umherirrende Seelen rüsten sich, ihn zu begraben. Mephisto führt phantastisch-flügelmännische Beschwörungsgebärden aus. Der grauenvolle Höllenrachen tut sich auf. Da naht ein Engelchor von oben, dessen Licht und Gesang dem Teufel arge Pein bereiten. »Es klemmt wie Pech und Schwefel mir im Nacken.« Sie entführen Fausts Unsterbliches in höhere Regionen. »Bei wem soll ich mich nun beklagen? / Wer schafft mir mein erworbenes Recht?« beschwert sich der Teufel.

Aber es gibt eben noch eine andere Instanz, und die läßt Gnade vor Recht ergehen. Ein großer Gesang erfüllt den Raum: »Gerettet ist das edle Glied / Der Geisterwelt vom Bösen, / *Wer immer strebend sich bemüht, / Den können wir erlösen.* / Und hat an ihm die Liebe gar / Von oben teilgenommen, / Begegnet ihm die selige Schar / Mit herzlichem Willkommen.« Engel umschweben den aufwärts Getragenen. Die Liebe steigt in Gestalt der Mutter Gottes und dreier heiliger Büßerinnen herab. Dann nähert sich noch eine fünfte Frau – im Leben hieß sie Gretchen – und bittet Maria um Gnade für diesen Sünder: »Der früh Geliebte, / Nicht mehr Getrübte, / Er kommt zurück.«

Faust, nunmehr von aller Erdenschwere befreit, erwacht zu neuem Leben. »Komm! hebe dich zu höhern Sphären«, weist Maria Gretchen an. »Wenn er dich ahnet, folgt er nach.« Und ein himmlischer Chor singt:

>Alles Vergängliche
>Ist nur ein Gleichnis;
>Das Unzulängliche,
>Hier wird's Ereignis;
>Das Unbeschreibliche,
>Hier ist's getan;
>Das Ewig-Weibliche
>Zieht uns hinan.

Götz von Berlichingen mit der eisernen Hand

Zwei Reitersknechte sitzen am Feuer beisammen. »Erzähl das noch einmal vom Berlichingen!« sagt der eine zum andern. Und so wollen auch wir es halten.

Zu Anfang des 16. Jahrhunderts, als noch Kaiser Maximilian herrschte, lebte auf seiner Burg im württembergischen Jagsthausen der Ritter Götz von Berlichingen; ein Mann, der viele Züge Robin Hoods trug, denn er wurde von den Fürsten gehaßt, von den Unterdrückten aber geliebt. 1504 hatte er im Landshuter Erbfolgekrieg eine Hand verloren und dafür eine bewegliche eiserne Prothese bekommen. Er war ein starker Mann, ehrlich und geradeheraus, streitbar gegen Ungerechtigkeit und Fürstenwillkür, ein roher, wohlmeinender Selbsthelfer in einer wilden, anarchischen Zeit, aber auch ein liebevoller Ehemann und Vater, ein treuer Freund.

Nachts in einer Herberge im Wald: Ein Mönch unterhält sich mit Götz über den ritterlichen Stand und über seinen eignen. »O Herr!« klagt er, »was sind die Mühseligkeiten Eures Lebens gegen die Jämmerlichkeiten eines Standes, der die besten Triebe, durch die wir werden, wachsen und gedeihen, aus mißverstandener Begierde, Gott näher zu rücken, verdammt?« Armut, Keuschheit und Gehorsam lasten schwer auf ihm, und als er erfährt, daß der Ritter verheiratet ist, entfährt es ihm: »Wohl dem, der ein tugendsam Weib hat! des lebt er noch eins so lange.«

Götz dagegen drückt der Harnisch, er haßt das ständige Kämpfenmüssen und Blessureneinstecken, immer auf dem

Pferd sein, selten daheim, nächtens eine Schütte Stroh als Lager. Heimlich, damit's der fromme Mann nicht hört, befiehlt er seinem Reitersjungen Georg: »Geh auf den Weg nach Dachsbach, und leg dich mit dem Ohr auf die Erde, ob du nicht Pferde kommen hörst, und sei gleich wieder hier.« Kurze Zeit später müssen Götz und die Seinen weiter, der Feind steht nah. Das Herumziehen ist gefährlich für den Ritter, weil er doch mit dem Bischof von Bamberg in Fehde liegt.

Auf der Straße von Bamberg nach Nürnberg gelingt es ihm, sich für die Gefangennahme eines seiner Reiter zu rächen: Adelbert von Weislingen fällt ihm in die Hände, ein Jugendfreund, der inzwischen zu den Mächtigen am Hof des Bischofs gehört. Daheim auf seiner Burg bittet der von Berlichingen den grimmig Schweigenden, doch fröhlicher zu sein. Zwar sei er in seiner Gewalt, aber er, Götz, werde sie nicht mißbrauchen!

»Dafür war mir's noch nicht bange«, entgegnet Weislingen. »Das ist Eure Ritterpflicht.«

»Und Ihr wißt, daß die mir heilig ist.«

»Ich bin gefangen; das übrige ist eins.«

Götz versucht, Weislingen die Zeit bei ihm so angenehm wie möglich zu machen, alte Freundschaftsbande neu zu knüpfen und ihn vom Wert eines freien Rittersmannes zu überzeugen. »Bist du nicht ebenso frei, so edel geboren als einer in Deutschland«, fragt er ihn, »unabhängig, nur dem Kaiser untertan, und du schmiegst dich unter Vasallen? Was hast du von dem Bischof? Weil er dein Nachbar ist? dich necken könnte? Hast du nicht Arme und Freunde, ihn wieder zu necken? Verkennst den Wert eines freien Rittersmanns, der nur abhängt von Gott, seinem Kaiser und sich selbst! Verkriechst dich zum ersten Hofschranzen eines eigensinnigen, neidischen Pfaffen!«

Die Worte Berlichingens scheinen allmählich ihre Wirkung zu tun. Weislingen will das »unglückliche Hofleben und das Schlenzen und Scherwenzen mit den Weibern« aufgeben. Er wird Götz gegenüber offener, beginnt zarte Gefühle für dessen Schwester Maria zu entwickeln und verlobt sich sogar mit ihr. »Ihr liebt mich«, gesteht die junge Frau dem schönen Mann. »Ich glaub es gerne und hoffe mit Euch glücklich zu sein und Euch glücklich zu machen.«

Was für ein unsicherer Freund und Gefährte Weislingen ist, wird deutlich, als sein Reitersbube nach Jagsthausen kommt und erzählt, daß man ihn am Bamberger Hof vermisse. Übrigens halte sich jetzt dort die Witwe Adelheid von Walldorf auf, ein Engel in Weibsgestalt, die den Hof zum »Vorhof des Himmels« gemacht habe. Weislingen will zunächst nur mal unverbindlich in der alten Residenz vorbeischauen, doch wird er dort binnen kürzestem wortbrüchig.

Götz mag's nicht glauben und schickt seinen Reitersbuben Georg an den Hof. Der soll sich den Kittel eines Bambergers anlegen und alles auskundschaften. »Glaubt, ich berichte Euch mit der Wahrheit«, bekräftigt er gegenüber seinem bestürzten Herrn, »man redte viel von einer Heirat mit der Witwe des von Walldorf.«

»Gespräche«, meint Götz verächtlich.

»Ich sah ihn, wie er sie zur Tafel führte. Sie ist schön, bei meinem Eid, sie ist schön. Wir bückten uns alle, sie dankte uns allen, er nickte mit dem Kopf, sah sehr vergnügt, sie gingen vorbei, und das Volk murmelte: ›Ein schönes Paar!‹« Am anderen Tag habe er den Weislingen auf dem Weg zur Messe abgepaßt und ihm zugeflüstert: »›Ein paar Worte von Euerm Berlichingen.‹ Er ward bestürzt; ich sahe das Geständnis seines Lasters in seinem Gesicht, er hatte kaum das Herz, mich anzusehen, mich, einen schlechten Reitersjungen.« Am Ende behauptete er, Götz hätte ihn überrumpelt. Er stehe nicht in seiner Pflicht und wolle nichts mit ihm zu tun haben.

»Hast du das aus seinem Munde?«

»Das und noch mehr – Er drohte mir –«

»Es ist genug!« seufzt Götz tief enttäuscht. »Der wäre nun auch verloren! Treu und Glaube, du hast mich wieder betrogen. Arme Marie! Wie werd ich dir's beibringen!«

Adelheid treibt inzwischen mit Weislingen ein Spiel zwischen Anziehen und Ablehnen, so daß sein Herz schon bald an ihrer Angel hängt. Ganz berechnend setzt sie ihre Schönheit ein. »Meine Güter hat der stolze Herzog inne, die deinigen wird Götz nicht lange ungeneckt lassen; und wenn wir nicht zusammenhalten wie unsere Feinde und den Kaiser auf unsere Seite lenken, sind wir verloren.« Sie will diesen verliebten Mann zum Mitstreiter in eigener Sache gewinnen. Sonst nichts.

Götz von Berlichingen kann es wieder einmal nicht lassen, den Bedrängten im Lande zu helfen. Reiche Kaufleute aus Nürnberg hat er überfallen, die von der Frankfurter Messe kamen. Nun klagen sie ihn beim Kaiser an, und der Ritter wird umgehend geächtet. Weislingen hat sich noch besonders hervorgetan und dem Kaiser zu größtmöglicher Strenge geraten. Daraufhin wird die Reichsexekution aufgeboten. »Wir müssen behutsam gehn und unsere Leute soviel möglich schonen«, sagt der nicht eben sehr tapfere Hauptmann. »Auch ist unsere gemessene Ordre, ihn in die Enge zu treiben und lebendig gefangenzunehmen. Es wird schwerhalten, denn wer mag sich an ihn machen?«

Götz macht sich eine ganze Weile den Spaß, ihnen zu trotzen, weiß er doch so prächtige Kampfgefährten wie Georg und den neu hinzugekommenen Lerse an seiner Seite. Auch daheim ist alles wohlauf. Übrigens hat der edle Franz von Sickingen des Berlichingen Schwester geheiratet und mit ihr auf des Ritters Bitte die Burg erst einmal verlassen, um sicher zu sein.

Eines Tages stehen die Kaiserlichen tatsächlich vor der Mauer. »Seht nach den Torriegeln«, ruft Götz. »Verrammelt's inwendig mit Balken und Steinen.« Da hört er draußen den Trompeter rufen, er solle sich ergeben.

»Mich ergeben! Auf Gnad und Ungnad!« ruft er hinunter. »Mit wem redet ihr! Bin ich ein Räuber? Sag deinem Hauptmann: Vor Ihro Kaiserliche Majestät hab ich, wie immer, schuldigen Respekt. Er aber, sag's ihm, er kann mich im Arsch lecken!«

Als nun die Vorräte langsam zu Ende gehen, geht Götz auf das Angebot freien Abzugs ein. Kaum aber hat er seine Burg verlassen, nimmt man ihn gefangen. Einige seiner Getreuen werden erstochen, andere in den Turm geworfen. »Im Namen des Kaisers ihr Wort nicht zu halten!« Der fassungslose Götz sieht das Ende eines Zeitalters gekommen, in dem die Hierarchie noch klar und zwischen einem wohlmeinenden Kaiser und seinen freien Rittern keine Lüge war. Jetzt wird er als Gefangener den kaiserlichen Räten im Rathaus von Heilbronn überstellt.

Bald schon entwickelt sich ein heftiger Disput. »Ihr wißt, wie Ihr auf Gnad und Ungnad in unsere Hände kamt«, wird Götz gefragt, und er antwortet: »Was gebt Ihr mir, wenn ich's vergesse?« Drauf einer der Räte: »Wenn ich Euch Bescheidenheit geben könnte, würd ich Eure Sache gutmachen.« Und Götz: »Gutmachen! Wenn Ihr das könntet! Dazu gehört freilich mehr als zum Verderben.« Solch freie Rede ist der Schreiber nicht gewohnt. »Soll ich das alles protokollieren?« fragt er verlegen.

Die Räte verkünden Götz den Entschluß Ihrer Kaiserlichen Majestät. Es sei ihm alles verziehen, er werde auch von der Acht losgesprochen, wenn er auf alle weiteren Waffenhändel verzichte. Darauf könne er sich einlassen, meint der Ritter, doch als er sich nach dem Schicksal seiner Gefährten erkundigt, erhält er immer nur die Antwort: »Das geht Euch nichts an.« Schließlich soll er auch noch das Eingeständnis unterschreiben, sich rebellischerweise aufgelehnt zu haben.

»Das ist nicht wahr. Ich bin kein Rebell, habe gegen Ihro Kaiserliche Majestät nichts verbrochen, und das Reich geht mich nichts an.« Jetzt sprechen die Räte endlich Klartext. Wenn er die Angebote und Gebote nicht annehmen will, werden sie ihn halt in den Turm werfen. »Einem Räuber sind wir keine Treue schuldig.« Bewaffnete Bürger kommen herein. Doch damit kann man einen Mann wie Götz von Berlichingen nicht einschüchtern. Wer ihm zu nahe tritt, der »soll von dieser meiner rechten eisernen Hand eine solche Ohrfeige kriegen, die ihm Kopfweh, Zahnweh und alles Weh der Erden aus dem Grund kurieren soll«. Als er darauf einen zu Boden schlägt und einem anderen das Schwert entreißt, entweichen die übrigen.

In diesem Augenblick kommt Franz von Sickingen mit seiner Reiterschar in die Stadt. Er habe gehört, richtet die Wache aus, »wie unwürdig man an seinem Schwager bundbrüchig geworden sei, wie die Herrn von Heilbronn allen Vorschub täten. Er verlange Rechenschaft, sonst wolle er binnen einer Stunde die Stadt an vier Ecken anzünden und sie der Plünderung preisgeben.«

Nun ist Götz zwar wieder frei, aber glücklich ist er nicht. Er muß an jene Tage denken, als Weislingen erneut sein Freund, ja sogar Schwager zu werden schien. »Er sagte mir Treu zu und hielt meine rechte Hand so fest, daß sie aus den Armschienen ging wie abgebrochen.«

»Vergiß einen Verräter!« empfiehlt ihm Franz von Sickingen. »Wir wollen seine Anschläge vernichten, sein Ansehn untergraben, und Gewissen und Schande sollen ihn zu Tode fressen.«

»Deine Seele fliegt hoch«, seufzt Götz. »Ich weiß nicht; seit einiger Zeit wollen sich in der meinigen keine fröhlichen Aussichten eröffnen. – Ich war schon mehr im Unglück, schon einmal gefangen, und so, wie mir's jetzt ist, war mir's niemals.«

Aber auch Weislingen geht es schlecht. »Du bist von jeher der Elenden einer gewesen, die weder zum Bösen noch zum Guten einige Kraft haben«, kanzelt ihn Adelheid verächtlich ab. Sie jedenfalls hat die Kraft zum Bösen und betrügt ihren Mann mit dessen Knappen Franz, der ihr hörig ist: »Mein Gott, ich habe keinen Blutstropfen in mir, der nicht Euer wäre, keinen Sinn, als Euch zu lieben und zu tun, was Euch gefällt!« Adelheid aber gefällt es, daß er Weislingen Gift in seinen Trunk mischen soll.

Götz von Berlichingen zieht sich auf Burg Jagsthausen zurück, wo er von seiner Frau zur Fortsetzung der Lebenschronik ermuntert wird. Doch hält ihn diese beschauliche Tätigkeit nicht lange fest. Lerse erzählt ihm, daß die Bauern mitten im Herzen von Schwaben einen furchtbaren Aufstand entfesselt haben. »Sie sengen, brennen und morden. Ich fürchte, sie verheeren das ganze Land.« Die Bauern wollen Götz, nachdem das erste Wüten vorbei ist, zu ihrem Hauptmann, und der Ritter läßt sich darauf ein.

Bald kommt es wegen einer Brandstiftung zum Konflikt zwischen ihm und den Bauern. Weislingens berittener Trupp überfällt sie. Dabei wird der gute Georg getötet, Götz verwundet und gefangengenommen. Mittlerweile hat das Reich einen neuen Kaiser bekommen, dessen Gunst Adelheid mit allen Mitteln erringen will, weshalb sie auch das Mordkomplott gegen ihren Mann angezettelt hat. Weislingen erleidet einen qualvollen Tod: »Wie sind meine Nägel so blau! – Ein kalter, kalter, verzehrender Schweiß lähmt mir jedes Glied. Es dreht mir alles vorm Gesicht.« Franz gesteht ihm die Tat und wer dahintersteckt. Dann stürzt er sich verzweifelt aus dem Fenster in den Main hinunter. Nächtens trifft sich in einem finsteren Gewölbe das Femegericht. »Klage an auf Strang und Schwert Adelheiden von Weislingen. Sie hat Ehebruchs sich schuldig gemacht, ihren Mann vergiftet durch ihren Knaben. Der Knab hat sich selbst gerichtet, der Mann ist tot.« Doppelt muß sie nun die doppelte Missetat büßen.

Götz erhält im Heilbronner Gefängnis Besuch von seiner Frau. »Ich bitte dich, lieber Mann, rede mit mir. Dein

Stillschweigen ängstet mich. Du verglühst in dir selbst. Komm, laß uns nach deinen Wunden sehen; sie bessern sich um vieles.« Doch Götz hat noch andere, seelische Wunden empfangen, und von denen kann er sich nicht mehr erholen. »Suchtest du den Götz? Der ist lang hin. Sie haben mich nach und nach verstümmelt, meine Hand, meine Freiheit, Güter und guten Namen.« All dies – Weislingen, die Bauern, der Tod des alten Kaisers, seine Schmerzen – hat ihn gebrochen. Er empfindet sich als ein von Gott Geschlagener. »Meine Stunde ist kommen.« Sterbend sieht er Zeiten des Betrugs nahen. »Die Nichtswürdigen werden regieren mit List, und der Edle wird in ihre Netze fallen.« Mit seinem letzten Atemhauch flüstert er: »Himmlische Luft – Freiheit! Freiheit!« Dann ist er tot.

»Wehe dem Jahrhundert, das dich von sich stieß!« ruft seine Frau ihm nach. Und Freund Lerse: »Wehe der Nachkommenschaft, die dich verkennt!«

Zwei Reiterknechte saßen am Feuer beisammen. »Erzähl das noch einmal vom Berlichingen!« sagte der eine zum andern. Und so haben auch wir es gehalten.

Egmont

Versetzen wir uns in das Jahr 1568 und nach Brüssel. Die protestantischen Niederlande (damals gehörte das heutige Belgien noch dazu!) sind von den katholischen Habsburgern besetzt, und die lassen nichts aus, um das Freiheitsbedürfnis der Niederländer zu kränken: Schmälerung der ständischen Freiheiten, politischer, finanzieller und religiöser Druck. Dabei ist Margarete von Parma durchaus eine wohlwollende Regentin, aber natürlich: Sie ist die Tochter Karls V. und Schwester des spanischen Königs Philipp II., und diese beiden wünschen sich eine deutlich härtere Regierung. Margarete hat mit ihrem Berater Machiavell einen aufgeschlossenen Geist an der Seite, der die Niederländer nach ihrer eigenen Verfassung leben lassen möchte. Doch daraus wird nichts mehr, denn Philipp hat den grausamen Herzog Alba mit seinen Truppen ins Land geschickt.

Das Volk trifft sich beim Armbrustschießen, aber diesmal unterhält man sich nicht nur über die Festlichkeit. »Wir sind nicht gemacht«, empört sich einer im Hinblick auf die Inquisition, »unser Gewissen tyrannisieren zu lassen.« Ein anderer schätzt die protestantischen deutschen Geistlichen, weil er sie besser verstünde, »als wenn unsre auf der Kanzel herumtrommeln und die Leute mit lateinischen Brocken erwürgen«. Aber dem Dritten ist klar, daß er als Rebell gelten würde, wenn er bei einem dieser neuen Prediger auch nur stehenbliebe. Und natürlich ist der Volksheld Graf Egmont Gesprächsthema aller freiheitlich Gesinnten.

Im Palast der Regentin ist die Meinung nicht viel anders als auf den Straßen und Plätzen. Machiavell hofft, ein guter Geist möge Philipp eingeben, »daß es einem Könige anständiger ist, Bürger zweierlei Glaubens zu regieren als sie durch einander aufzureiben«. Unweigerlich kommt auch hier das Gespräch auf Egmont. »Er trägt das Haupt so hoch«, ärgert sich Margarete, »als wenn die Hand der Majestät nicht über ihm schwebte.« Freilich wissen beide, daß die Augen des Volkes auf ihn gerichtet sind. Er ist der Prinz der Herzen. Zwar möchte die Regentin in Egmont den Schuldigen am flandrischen Unglück sehen, insgeheim aber imponiert er ihr mehr, als sie sich wohl bewußtmacht.

Außer Brüssel und dem fürstlichen Palais gibt es noch einen dritten, intimeren Schauplatz in diesem Drama: eine bürgerliche Wohnung, in der des Grafen Geliebte Klärchen lebt. »Diese Stube, dieses kleine Haus ist ein Himmel, seit Egmonts Liebe drin wohnt.« Klärchen ist eine herzlich gute Naive, eine Schwester, sozusagen, des von Faust geliebten Gretchens.

Auf der Straße agitiert unterdessen der Schreiber Vansen, »ein verwegener Taugenichts«, und verlangt lautstark, man solle endlich die spanischen Ketten sprengen. Immerhin hätten die Niederländer Privilegien gehabt, die ihnen nun genommen seien. Ein hitziger Disput entwickelt sich zu einer Schlägerei. Buben pfeifen, werfen Steine, hetzen Hunde. Bürger stehen dabei, gaffen und diskutieren. Viele fordern lautstark: »Freiheit und Privilegien! Privilegien und Freiheit!« (Es könnte auch sein, daß sie »Wir sind das Volk!« gerufen haben. In diesem Punkt trennt wenig die Zeiten, Länder und Völker.)

Wo aber bleibt der allgegenwärtige Held? Jetzt erst, mitten im größten Getümmel, kommt er und beruhigt souverän die Gemüter. Dabei ist, was er seinen Landsleuten empfiehlt, nicht sonderlich originell: »Reizt den König nicht mehr, er hat zuletzt doch die Gewalt in Händen. Ein ordentlicher Bürger, der sich ehrlich und fleißig nährt, hat überall soviel Freiheit, als er braucht.« Egmont spricht dann noch vage von Maßregeln, die getroffen worden seien, um dem Übel kräftig zu begegnen. Also: »Steht fest gegen die fremde Lehre und glaubt nicht, durch Aufruhr befestige man Privilegien. Bleibt zu Hause; leidet nicht, daß sie sich auf den Straßen rotten. Vernünftige Leute können viel tun.«

Die Worte des Mannes kommen an. Es muß an seinem Charisma liegen, einer Mischung aus Leichtsinn, Tapferkeit und persönlichem Charme. Keiner scheint sich dem entziehen zu können, weder die Regentin noch – wir werden es sehen – Albas Sohn, Klärchen natürlich erst recht nicht, und das Volk empfindet Egmont als echten Herrn und Niederländer.

Dann unterhält sich ein anderer populärer Adliger, Wilhelm von Oranien, mit dem Volkshelden. Es zeigt sich, daß er ein kluger und besonnener Beobachter ist, ein Hofmann, der auch Kleinigkeiten Beachtung schenkt und sie zu deuten versteht. Der Oranier empfiehlt sofortige Flucht, denn da sie den heimischen Adel repräsentierten, seien sie beide in einer sehr gefährlichen Lage. Egmont aber vertraut seiner Unantastbarkeit, immerhin ist er Graf und überdies Ritter des Goldenen Vlieses. Selbst die drohende Ankunft Herzog Albas macht ihn da nicht wankend. Tief bewegt verabschiedet sich Wilhelm von Oranien von ihm, ist er sich doch sicher, Egmont nicht lebendig wiederzusehen.

Diesen Alba mit seinem »gelbbraun-gallenschwarzen« Gesicht, den »hohläugigen Toledaner mit der ehrnen Stirne und dem tiefen Feuerblick«, fürchtet sogar Margarete von Parma. »Jeder ist bei ihm gleich ein Gotteslästerer, ein Majestätenschänder, denn aus diesem Kapitel kann man sie alle sogleich rädern, pfählen, vierteilen und verbrennen.« Sie kennt Menschen wie ihn und wird ihm darum »mit der besten Art Platz machen, eh er mich verdrängt«.

In Klärchens Wohnung geht's friedlicher zu, wenn auch

nicht ohne Leid. Denn während die Verliebte »Glücklich allein / Ist die Seele, die liebt« singt, muß der Bürgersohn Brackenburg einsehen, daß ihr Herz einem anderen gehört. »Den Brackenburg solltest du in Ehren halten«, rät die Mutter, der die Liebe ihrer Tochter zu Egmont unheimlich ist. »Er kann dich noch einmal glücklich machen.«

Als der Graf an diesem Tag zu Klärchen kommt, möchte sie natürlich etwas vom Treiben in der großen Welt erfahren und wie es bei der Regentin war. »Sie ist eine treffliche Frau«, antwortet Egmont, »kennt ihre Leute und sähe tief genug, wenn sie auch nicht argwöhnisch wäre. Ich mache ihr viel zu schaffen, weil sie hinter meinem Betragen immer Geheimnisse sucht und ich keine habe.«

Dann wechselt das Gespräch wieder zu den Herzensdingen. »Laß mich dich halten«, sagt Klärchen. »Laß mich dir in die Augen sehn; alles drin finden, Trost und Hoffnung und Freude und Kummer.« Sie kann es immer noch nicht fassen, daß ihr Geliebter der große Egmont ist, »von dem in den Zeitungen steht, an dem die Provinzen hängen«. Da er ihr rückhaltlos und zärtlich seine Liebe gesteht, darf sie's wohl glauben.

Auf den Straßen laufen derweil die neuesten Nachrichten und Gerüchte um. Margarete von Parma habe die Stadt verlassen und auch Wilhelm von Oranien. Die Soldateska Herzog Albas ist überall, wo es eine Zusammenrottung geben könnte, und treibt die Menschen auseinander. Aber gottlob: Prinz Egmont ist ja noch da und also nichts verloren!

Im Culenburgischen Palais, wo Alba residiert, wird Egmont schon erwartet. Arglos will er den neuen Statthalter begrüßen und sich mit ihm aussprechen. Aber der hat längst anderes im Sinn, fühlt er sich doch von dem beunruhigt, was ihm ein Spion über diesen Mann erzählt hat: »Er ist der einzige, der, seit du hier bist, sein Betragen nicht geändert hat. Den ganzen Tag von einem Pferd aufs andre, lädt Gäste, ist immer lustig und unterhaltend bei Tafel, würfelt, schießt und schleicht nachts zum Liebchen. Die andern haben dagegen eine merkliche Pause in ihrer Lebensart gemacht, sie bleiben bei sich, vor ihrer Türe sieht's aus, als wenn ein Kranker im Hause wäre.«

»Drum rasch«, entgegnet der eiskalte Alba, »eh sie uns wider Willen genesen.« Daß sein illegitimer Sohn Ferdinand dagegen Egmont gern zum Freund hätte, beeindruckt ihn überhaupt nicht. Wenn dieser Graf und – wie Alba noch glaubt – Oranien erst im Palais sind, sollen sofort alle Tore geschlossen und bewacht werden. Da erhält er einen Brief: Oranien sei geflohen und habe ganz gewiß nicht vor, Alba einen Besuch abzustatten. Dieser Fisch wäre also entschlüpft. Da heißt es, bei dem anderen um so vorsichtiger zu sein. Alba will Egmont so lange mit Konversation hinhalten, bis dessen Geheimschreiber verhaftet ist.

Egmont ist bereit, »die Befehle des Königs zu vernehmen«, und empfiehlt, als er von Alba um Rat gefragt wird: »Der König schreibe einen Generalpardon aus, er beruhige die Gemüter, und bald wird man sehen, wie Treue und Liebe mit dem Zutrauen wieder zurückkehrt.« Das liegt ganz auf seiner Linie allgemeiner Friedfertigkeit, wie er sie auch den Landsleuten empfohlen hat.

Einen höflichen Gast kann man nicht verhaften. Also legt Alba in beleidigender Weise dar, was Philipp von den Niederländern erwartet. Egmont quittiert mit den Worten: »Leider rechtfertigen deine Worte die Furcht des Volks, die allgemeine Furcht!« Der Statthalter hat aber weder Lust noch Auftrag, das Für und Wider des königlichen Willens lange zu diskutieren. »Gehorsam fordr' ich von dem Volke – und von euch, ihr Ersten, Edelsten, Rat und Tat, als Bürgen dieser unbedingten Pflicht.«

Die Mitteltür öffnet sich. Egmont sieht die Galerie mit Wachen besetzt, die starr und unbeweglich dastehen. Jetzt erst begreift er, was für ein böses Spiel da vorbereitet worden ist und daß ihn der Herzog von vornherein gefangennehmen wollte.

Der Vorfall spricht sich in Windeseile herum. Auch Klärchen erfährt davon und versucht Brackenburg zu bewegen, ihr bei der Befreiung zu helfen. Er will die junge Frau vor sich selbst schützen, aber sie scheint sich nicht einmal zu beruhigen, als Albas Wache über die Straße kommt. Ganz plötzlich ist es dann doch mit ihrer Kraft vorbei. »Ja, ich besinne mich. Komm, Brackenburg, nach Hause!«

Egmont – nunmehr im Gefängnis – schwankt zwischen Verzweiflung und Hoffnung. »Ach Klärchen, wärst du Mann, so säh ich dich gewiß auch hier zuerst und dankte dir, was einem Könige zu danken hart ist, Freiheit.« Einer von des Königs Getreuen liest ihm das Urteil vor: Er soll am nächsten Tag auf den Markt geführt und dort »mit dem Schwerte vom Leben zum Tode gebracht werden«. Dem Todgeweihten widerfährt eine letzte Freude, als Ferdinand in die Zelle kommt und ihn seiner immerwährenden Zuneigung versichert. »Dein Name war's, der mir in meiner ersten Jugend gleich einem Stern des Himmels entgegenleuchtete.« Das ermutigt Egmont, eine Bitte zu tun: »Ich kenne ein Mädchen: du wirst sie nicht verachten, weil sie mein war. Nun ich sie dir empfehle, sterb ich ruhig.« Aber diesem Mädchen ist nicht mehr zu helfen. Seine Geliebte hat, als sie erfuhr, daß er verurteilt ist, heimlich Gift genommen.

Als Egmont wieder allein ist, hat er einen beglückenden Traum: Die Freiheit erscheint ihm in Gestalt einer Frau, die Klärchens Züge trägt, »die beiden süßten Freuden meines Herzens«! Sie heißt ihn froh sein und reicht ihm den Lorbeerkranz des Siegers, denn mit seinem Tod werde er den Provinzen die Freiheit bringen. Trommeln und Pfeifen wecken ihn auf. Der Tag der Hinrichtung ist gekommen.

Iphigenie auf Tauris

In mythischer Vorzeit, als von Sekt noch keine Rede war, hieß das Land, wo die Halbinsel Krim liegt, nicht Ukraine, sondern Tauris und wurde beherrscht von dem Barbarenkönig Thoas. (Wobei gesagt werden muß, daß den Griechen alle Nichtgriechen für Barbaren galten, selbst dann, wenn sie edler und humaner waren als sie selbst!)

Dort waltete im Tempel der Diana eine Priesterin namens Iphigenie ihres Amtes, die auf wundersame Weise nach Tauris gekommen war: Als sie in großer Gefahr schwebte, hatte die Göttin sie aus ihrer Heimat hierher entrückt. Als erstes nahm die neue Priesterin eine einschneidende Liturgie-Reform in Angriff – sie schaffte die bis dahin üblichen Menschenopfer ab. Jeder Fremde nämlich, den es zuvor an dies Gestade verschlagen hatte, war Diana geopfert worden.

Iphigenie entstammte dem verfluchten Geschlecht des Tantalus, der einst den Göttern getrotzt hatte. Spätere Generationen der Familie befehdeten sich aufs entsetzlichste. Es gab Bruder-, Kinder-, Muttermord. Zuletzt noch hatte der Geliebte von Iphigenies Mutter Klytämnestra den Vater erschlagen, um sie heiraten zu können. Ihr Sohn Orest tötete sie daraufhin und wurde seither von den Rachegöttinnen verfolgt und in den Wahnsinn getrieben. Der göttliche Apollo hatte ihm Heilung versprochen, wenn er die Schwester von Tauris wieder heimhole nach Griechenland. Nun waren göttliche Aussagen schon immer vieldeutig – und so auch diese. Wen meinte Apollo wirklich? Das

Standbild seiner Schwester Diana oder Orests Schwester Iphigenie? Und warum wurde Iphigenie eigentlich nach Tauris versetzt?

Als ihr Vater Agamemnon als Oberbefehlshaber der griechischen Flotte nach Troja unterwegs war, hatte er törichterweise Diana beleidigt. Die Göttin strafte ihn damit, daß seine ganze Flotte in absoluter Windstille auf dem Meer liegenblieb. Darum wollte er als Versöhnungsopfer die eigene Tochter preisgeben. Diana sei Dank, daß sie im entscheidenden Moment eingriff und Iphigenie entführte!

Nun aber trennt ein ganzes Meer die Ärmste von den ihr vertrauten Menschen. »Und an dem Ufer steh ich lange Tage, / Das Land der Griechen mit der Seele suchend«. Fast bricht ihr das Herz vor Heimweh, als sie wieder einmal über die azurblaue See schaut. Da tritt Arkas heran, ein Vertrauter des Königs, und erinnert sie daran, wie ihr König Thoas immer mit besonderer Ehrfurcht, ja Zuneigung entgegengekommen sei. Sie habe seinen trüben Sinn erheitert und die Menschenopfer aufgehalten, die dieses Gestade bisher zum Schrecken aller Gestrandeten gemacht hatten. »Wenn heut der König mit dir redet, so / Erleichtr' ihm, was er dir zu sagen denkt.«

Das aber bedrückt die Priesterin noch mehr, ist sie doch Thoas' Anträgen schon wiederholt ausgewichen. Arkas indessen läßt nicht locker und gibt ihr zu bedenken, wie sehr sich der König nach dem Tod seines letzten Sohnes verändert habe, wie er seither beunruhigt in jedem Sohn seiner Edlen den möglichen Thronfolger sieht und jetzt schon hilfloses Alter und Meuchelmord fürchtet. Ob Iphigenie da nicht verstehen könne, welche Hoffnungen er in sie setze? »Ein edler Mann wird durch ein gutes Wort / Der Frauen weit geführt.«

Als dann Thoas zu Iphigenie tritt, segnet sie ihn, wie es ihr Amt erfordert. »Zufrieden wär ich, wenn mein Volk mich rühmte«, entgegnet er. »Was ich erwarb, genießen andre mehr / Als ich.« Nach dem Tod seines Jüngsten sei es seine größte Hoffnung, Iphigenie als Braut heimzuführen. Sie sei ihm ebenso heilig, wie sie es offenbar der Göttin ist.

Lange hat Iphigenie ihr Geheimnis nicht auszusprechen gewagt. Jetzt aber – in einem Akt des Zutrauens wie der Distanzierung zugleich – gesteht sie dem König, daß sie aus dem berüchtigten, von den Göttern grausam bestraften Geschlecht der Tantaliden stamme. »Du sprichst ein großes Wort gelassen aus«, entgegnet ihr der nachdenklich gewordene Thoas. Aber eigentlich glaubt er nicht, daß diese Familie immer noch die Schuld des Ahnherrn büßen muß. Es wird wohl die je eigne sein. Da zählt ihm Iphigenie auf, was seit Tantalus' Tagen alles in ihrem Haus geschehen sei. Es sind so viele Greuel, daß Thoas sie am Ende bittet aufzuhören. Lieber möchte er etwas von ihren Eltern und Geschwistern wissen.

Erst jetzt erfährt er, warum und wie es sie nach Thauris verschlagen hat und daß sie eine Prinzessin ist. Abermals wirbt er um sie. »Mehr Vorzug und Vertrauen geb ich nicht / Der Königstochter als der Unbekannten. / Ich wiederhole meinen ersten Antrag: / Komm, folge mir und teile, was ich habe.«

Iphigenie versucht eine letzte Ausflucht: Eigentlich gehöre sie doch allein der rettenden Göttin. Aber Thoas durchschaut die Ausrede. »Man spricht vergebens viel, um zu versagen; / Der andre hört von allem nur das Nein.« Langsam beginnt seine Hoffnung in Enttäuschung umzuschlagen und die Enttäuschung in Zorn. Gut, solle sie also weiterhin Priesterin sein, aber dafür müßten nun auch die Menschenopfer wieder dargebracht werden. »Du hattest mir die Sinnen eingewiegt, / Das Murren meines Volks vernahm ich nicht«.

Währenddessen sind Fremde am Strand von Aulis gelandet. Die Mannschaft wird von dem Griechen Pylades und seinem Freund geführt. Dieser Freund aber – ist Orest, der Muttermörder und Bruder Iphigenies. Der Verfluchte und Gequälte hat die weite Reise auf sich genommen, weil er immer die göttliche Weisung im Ohr hat: »Bringst du die Schwester zu Apollen hin / Und wohnen beide dann vereint zu Delphi, / [...] / So wird für diese Tat das hohe Paar / Dir gnädig sein, sie werden aus der Hand / Der Unterird'-schen dich erretten.« Nun wollen sie das berühmte Götterbild der Diana aus dem Tempel entführen.

Auf einmal sieht Pylades eine Frau am Strand stehen, deren Gewand sie als Priesterin ausweist, und rät Orest, sich zu verstecken. Er will sie zunächst allein sprechen und sich dann mit dem Freund über das weitere Vorgehen einigen. Iphigenie erkennt an der Sprechweise des Fremden, daß er ein Grieche ist. Pylades stellt sich und seinen abwesenden Freund unter falschem Namen vor und behauptet, sie seien aus Kreta. Apollo habe sie hierhergeschickt, um im Tempel seiner Schwester Hilfe und Segen zu erhalten. Iphigenie möchte das Neueste aus der fernen Heimat hören. »Kommt denn der Menschen Stimme nicht zu euch?« wundert sich Pylades und berichtet vom Verlauf des Trojanischen Krieges.

Ohne zu ahnen, mit wem er spricht, erzählt er ihr auch haarklein die entsetzliche Geschichte, wie Klytämnestras Geliebter den Gatten umgebracht hat. »Und welchen Lohn erhielt der Mitverschworne?« fragt Iphigenie. Prompt und bitter kommt die Antwort: »Ein Reich und Bette, das er schon besaß.«

Alles ein bißchen viel für die Ärmste, die sich erst einmal fassen muß. Sie verhüllt ihr Haupt. »Du wirst mich wiedersehn«, verspricht sie im Davongehen. Pylades schaut ihr nach und wundert sich, wie tief sie doch von dem Geschick des Königshauses berührt scheint. Vielleicht, so geht es ihm durch den Kopf, hat sie ja den König gekannt, und wahrscheinlich ist sie aus der Heimat hierher verkauft worden. Sollte sich am Ende gerade daraus ein Nutzen für Orests Vorhaben ziehen lassen?

Kurze Zeit später steht Iphigenie ihrem Bruder gegenüber, ohne ihn nach all den Jahren zu erkennen. Sie gibt sich als Landsmännin zu erkennen, verspricht, dafür zu sorgen, daß ihm nichts geschieht, und versucht gleichzeitig, Näheres über ihre Familie zu erfahren. Die Schwester Elektra, so hört sie, ist am Leben und auch der Bruder Orest. Seit er aber den Tod des Vaters an der Mutter gerächt habe, hetzen ihn die Rachegöttinnen.

Auch Orest merkt schnell, wie sehr sein Schicksal die Fremde bewegt, und gesteht ihr seinen wirklichen Namen. Sie solle auf sein Schiff kommen und mit den Gefährten fliehen, damit sie in Griechenland wieder glücklich sei. Er dagegen wolle sich von seiner Qual erlösen. »Es stürze mein entseelter Leib vom Fels, / Es rauche bis zum Meer hinab mein Blut / Und bringe Fluch dem Ufer der Barbaren!«

Iphigenie ist erschüttert. Nun hat sie ihren Bruder wieder und muß Angst haben, ihn sogleich aufs neue zu verlieren. »Mein Schicksal ist an deines fest gebunden«, klagt sie. Aber das kann Orest natürlich noch nicht so verstehen, wie es eigentlich gemeint ist. »Laß allein und unbegleitet / Mich zu den Toten gehn«, bittet er sie. Die Erinnyen seien noch immer in der Nähe, auch wenn sie der Anblick der Priesterin im Augenblick wohl vertrieben hat. »Doch hör ich aus der Ferne hier und da / Ihr gräßliches Gelächter.« Während er sich zunehmend vor der Rückkehr der Rachegöttinnen ängstigt, gibt sie sich ihm zu erkennen. »Orest, ich bin's! Sieh Iphigenien!«

Die Panik aber hat den Geist des Bruders so verwirrt, daß er nicht begreift. Die Schwester muß um sein Verständnis, ja um seinen Verstand ringen. Doch wie oft sie auch »Orest! Mein Bruder!« ruft, er sieht in ihr nur einen Menschen, der ihn retten will, und empfiehlt Pylades als den, der eher Hilfe verdient. »Er irrt umher / Auf jenem

Felsenpfade; such ihn auf, / Weis ihn zurecht und schone meiner.« Schließlich bricht er ermattet zusammen, und Iphigenie sucht verzweifelt Pylades, damit er ihr hilft.

Orest liegt ohnmächtig zwischen den Felsen am Strand. Die See ist weit und das Gestade menschenleer. Als er wieder zu sich kommt, steht Iphigenie mit dem Freund vor ihm. »Erkennst du uns und diesen heil'gen Hain«, fragt er ihn. »Fühlst du den Arm des Freundes und der Schwester, / Die dich noch fest, noch lebend halten?« Er drängt zum Aufbruch, da die Rückkehr jetzt an einem seidenen Faden hängt. Orest spürt, wie der Irrsinn allmählich von ihm weicht, und erkennt die Schwester. »Es löset sich der Fluch, mir sagt's das Herz.« Endlich ist er sich gewiß, daß die Rachegöttinnen ins Reich der Toten zurückkehren und die eisernen Tore donnernd hinter sich zuschlagen.

Da naht Arkas und verlangt, daß Iphigenie das Opfer beschleunigen solle. »Der König wartet, und es harrt das Volk.« Die Priesterin wendet ein, daß der eine der beiden Fremden von den Furien verfolgt worden sei und somit den Tempel entweiht habe. Nun müsse sie mit ihren Jungfrauen das Bildnis der Diana zum Meer hinunterbringen, damit es reingewaschen werde. Arkas kommt noch einmal auf die Werbung des Königs zurück, deren Erfüllung alles zum Guten wenden könne. Iphigenie wehrt mit dem Hinweis ab, daß sie alles, was kommen werde, in die Hände der Götter gelegt habe. Aber der königliche Bote bleibt beharrlich. »Ich sage dir, es liegt in deiner Hand.«

Als er merkt, daß er nichts mehr auszurichten vermag, begibt er sich traurig und enttäuscht zu seinem Fürsten. Er kann nicht begreifen, warum eine so edle Seele wie sein Herr so tief verletzt werden muß. Die Priesterin hat zwar Arkas gegenüber nicht nachgegeben, aber jetzt, da sie allein ist, tut ihr das Gesagte weh. Die Worte des getreuen Mannes haben ihr gezeigt, daß sie Menschen verlassen will, die an ihr hängen.

Pylades kehrt glücklich zurück, weil Orest nicht mehr dem Götterfluch unterliegt, und muß nun sehen, wie bedrückt Iphigenie ist. Es scheint sie nicht einmal zu freuen, daß er die Gefährten wiedergefunden hat, die das Schiff in einer Bucht versteckt halten. Jetzt soll die Statue geholt werden. Er geht zum Tempel, doch Iphigenie folgt ihm nicht. Warum zögert sie? Warum scheint sie so verwirrt? Sie gesteht ihm, daß sie zwar die Geschichte mit der Reinwaschung vorgebracht habe, Arkas aber wolle nun unbedingt den König bei diesem seltenen Ereignis dabeihaben. Ja, warum sie denn nicht auf ihr priesterliches Recht bestanden habe? Iphigenie schüttelt den Kopf. Dazu sei dieses Amt nicht da. Über eine solche Denkungsart, die zwar edel sein mag, aber sie alle gefährdet, kann wiederum Pylades nur den Kopf schütteln.

Je näher Raub und geplante Flucht rücken, desto schwerer fällt es Iphigenie, den König zu hintergehen. Was soll sie tun? Die Ihren vor dem Tod bewahren oder ehrlich bleiben? Zwar hat sie ihren Bruder wieder und sogar die Möglichkeit heimzukehren – doch muß sie dabei einen Menschen hintergehen, dem sie ihr Leben verdankt. Soll sich am Ende auch an ihr der Fluch des Geschlechtes verwirklichen? Das Lied der Parzen fällt ihr ein, das schon gesungen wurde, als die Götter den übermütigen Tantalus vom Throne stießen: »Es fürchte die Götter / Das Menschengeschlecht! / Sie halten die Herrschaft / In ewigen Händen / Und können sie brauchen, / Wie's ihnen gefällt.«

Mittlerweile hat sich das Gerücht verbreitet, Mannschaft und Schiff der beiden Fremden seien noch immer nicht auf hoher See, sondern versteckt in einer Bucht. Thoas gibt den Befehl, vom Vorgebirge bis zum Hain der Göttin alles zu durchsuchen. Ihn quält die Enttäuschung, Iphigenies Hand nicht errungen zu haben, vielleicht sogar von dieser Frau hinters Licht geführt zu werden. Das nächste Gespräch mit ihr steht deshalb unter großer Spannung. Dem strengen Gebot des Königs, endlich die Opferung zu vollziehen, widersetzt sich die Griechin. »Der Unbekannten Wort verehrtest du, / Der Fürstin willst du rasch gebieten? Nein!« Man habe sie gelehrt, Eltern und Göttern zu gehorchen. »Dem rauhen Ausspruch eines Mannes mich / Zu fügen, lernt ich weder dort noch hier.«

Thoas versucht hinter den wahren Grund der Weigerung zu kommen, denn auch ihm ist nicht verborgen geblieben, daß das Schicksal der beiden Fremden ihr nahegeht. Als ihm Iphigenie sagt, es seien Landsleute, begreift er, daß sie im Grunde ihres Herzens die Rückkehr in die Heimat erhofft. Stille tritt ein.

Unversehens beginnt Iphigenie zu reden, gesteht alles, was geplant ist, und legt damit die Entscheidung des weiteren Verlaufs in Thoas' Hände. Die beiden Fremden würden jetzt gerade ihre Gefährten suchen. Und der ältere von ihnen sei ihr Bruder Orest, von den Furien in den Wahnsinn getrieben und erst hier erlöst, weil er Apoll versprochen habe, die Schwester zum Bruder zu bringen. Darum wollte man das Bildnis aus dem Tempel rauben. In diesem Augenblick kommt Orest mit seinen Gefährten. Alles sei verraten, der Weg zum Schiff müsse gedeckt werden, jetzt heiße es fliehen! Weil er bewaffnet ist, greift auch Thoas zu seinem Schwert. Doch Iphigenie fleht ihren Bruder an: »Verehr in ihm / Den König, der mein zweiter Vater ward! / Verzeih mir, Bruder! doch mein kindlich Herz / Hat unser ganz Geschick in seine Hand / Gelegt.«

Arkas bedrängt den König, die Fremden jetzt, da sie leicht angreifbar seien, zu überwältigen, doch gebietet Thoas Einhalt. »Keiner / Beschädige den Feind, solang wir reden.« Orest befiehlt seinen Männern, gleichfalls abzuwarten. Der König möchte von ihm ein Zeichen, daß er wirklich Iphigenies Bruder sei. Er zeigt das Schwert, mit dem der Vater vor Troja gekämpft hat. Iphigenie aber liefert noch ein besseres Erkennungsmal. Elektra habe Orest als Kind fallen lassen – daher jene Schramme, die ihm die Augenbraue spaltet. Thoas und Orest wollen jetzt den Konflikt im Kampf Mann gegen Mann entscheiden. Plötzlich begreift Orest, daß es ja gar nicht Apollos Schwester sei, die zurückgeführt werden soll, sondern seine eigene. Noch ist die Statue nicht geraubt, und doch sei er bereits gesund – und zwar genau seit dem Moment, als er die Schwester wiedergesehen habe. Nichts mehr von Kampf und Kampfgeschrei. Demütig bittet er, mit den Seinen in die Heimat zurückkehren zu dürfen, und Iphigenie schließt sich dieser Bitte an: »Du hast nicht oft / Zu solcher edeln Tat Gelegenheit.«

Es zeigt sich, daß ein Barbarenkönig nicht notwendigerweise barbarisch handeln muß. Thoas heißt sie gehen. Nun ist aber gehen können eins und gehen müssen ein anderes. Iphigenie möchte diesen Ort nicht wie eine Verbannte verlassen. Sie wünscht sich, daß freundliches Gastrecht künftig zwischen ihren Völkern walte, denn sie weiß schon jetzt: Wann immer ein Fremdling bei ihr auftaucht, der den hiesigen Dialekt spricht, wird sie ihn, selbst wenn er der Ärmsten einer sei, freundlich aufnehmen. Da wird aus Thoas' eher schroffem »So geht!« schließlich doch noch ein »Lebt wohl!«. Er reicht ihr zum Pfand der Freundschaft seine Rechte. Die Griechen sind frei.

Torquato Tasso

Feine Leute, berühmte Namen! Auf dem sommerlichen Lustschloß Belriguardo, wo der Hof im kleinen Kreise verkehrt, leben Alfons II., Herzog von Ferrara, und seine Schwester, Prinzessin Leonore von Este. Desgleichen hält sich zur Zeit Gräfin Leonore Sanvitale hier auf, und der Staatssekretär Antonio Montecatino kommt von römischer Mission zurück. Noch einer ist hier zu Gast, der nachmals Berühmteste von ihnen und keineswegs eine fiktive Gestalt: Torquato Tasso, ein großer italienischer Dichter, der gerade sein Hauptwerk »Das befreite Jerusalem« vollendet hat. Das erlaubt uns, die Vorfälle des Dramas ungefähr auf das Jahr 1580 zu datieren. (Auch Belriguardo hat es wirklich gegeben, eine Art Klein-Weimar, wo so mancher italienische Klassiker gelebt hat!)

Die Herrschaften wissen, was sie an Torquato Tasso haben. Soeben hat der Dichter dem Herzog sein fertiges Werk überreicht, und Prinzessin Leonore ehrt ihn im Park des Schlosses mit einem Lorbeerkranz. Allseitiges Vergnügen aneinander: Tasso ist der Prinzessin schwärmerisch zugetan und empfindet die Auszeichnung als höchstes Glück. Gräfin Leonore führt die Tatsache, daß hier immer wieder besondere Menschen leben, auf die Geschwister d'Este zurück: »Ein edler Mensch zieht edle Menschen an / Und weiß sie festzuhalten, wie ihr tut.«

Kann es bei solcher Harmonie zur Krise kommen? Es kann. Zum einen wird man über weite Strecken das Gefühl nicht los, hier prallen zwei Welten aufeinander, wie sie unterschiedlicher nicht sein könnten: der kultivierte, gleichwohl eher dem easy-living zugeneigte Adel und ein von tausend Skrupeln gemarterter Künstler. Zum andern verschärft sich die Krise durch das Erscheinen Montecatinos. Sofort entsteht ein Rivalitätskonflikt zwischen dem empfindlichen Dichter und dem weltgewandten Diplomaten. Antonio ist ganz Vernunft und tätige Willenskraft, Tasso hingegen mehr dem Geist verhaftet als der Tat. Dichter und Diplomat offenbaren sich im weiteren Verlauf der Handlung immer mehr als Gegenpole.

Auch die andren sind bei aller Gewogenheit längst nicht einer Meinung über Tasso. »Sein Auge weilt auf dieser Erde kaum«, tadelt die Gräfin, und der Herzog beklagt das hypochondrisch in sich Gekehrte des Mannes, wünschte ihn sich entspannter und mehr den Nächsten zugewandt, ist er sich doch sicher: »Der Mensch gewinnt, was der Poet verliert.« Allein die Prinzessin hat den außerordentlichen Menschen vor Augen und weiß: »Es bildet ein Talent sich in der Stille, / Sich ein Charakter in dem Strom der Welt.« Dennoch fürchtet sie, daß sich der Argwohn des gesellschaftsscheuen Tasso irgendwann in Haß und Angst verwandelt. Auch ihr Bruder sieht die Gefahr, Tassos grundsätzlich freies Gemüt könne sich verwirren. »Und da man alles üben muß, so üb ich, / Weil er's verdient, an Tasso die Geduld: / Und ihr, ich weiß es, steht mir willig bei.«

Die erste Begegnung mit Antonio wühlt Tasso so auf, daß er sich ganz minderwertig vorkommt: Nein, wie tüchtig sich der andere aber auch wieder auf dem glatten Parkett römischer Diplomatie bewährt und dem Herzog dadurch einen weiteren Sieg errungen hat! Papst Gregor habe er auch getroffen, und dessen Ansicht von Kunst sei übrigens: »Was gelten soll, muß wirken und muß dienen.« Ach, und dann hat Antonio eben die bekränzte Büste Ariosts im hiesigen Park gesehen, was er zum Anlaß nimmt, sich vor

Tassos Ohren auf kränkende Weise über die besonderen Vorzüge dieses Dichters zu verbreiten.

Die Prinzessin versucht ihren geknickten Poeten zu beruhigen. »Zwar herrlich ist die liedeswerte Tat, / Doch schön ist's auch, der Taten stärkste Fülle / Durch würd'ge Lieder auf die Nachwelt bringen.« Sie merkt, daß Tasso an Antonio alles entdeckt, was ihm selber abgeht. Gerade darum drängt sie, daß er die Freundschaft des Gewandten suche. Gräfin Leonore hat dieselbe Beobachtung gemacht: »Zwei Männer sind's, ich hab es lang gefühlt, / Die darum Feinde sind, weil die Natur / Nicht *einen* Mann aus ihnen beiden formte. / Und wären sie zu ihrem Vorteil klug, / So würden sie als Freunde sich verbinden; / Dann stünden sie für *einen* Mann und gingen / Mit Macht und Glück und Lust durchs Leben hin.«

Es könnte so schön sein, wenn's nach der Damen An- und Einsicht ginge, aber leider kommt es anders. Tasso ist bereit, Antonios Freundschaft zu suchen, freilich geht er die Sache mit einem solchen Überschwang an, daß der distanzierte Diplomat vor der dargereichten Hand zurückschreckt. Aber noch bewahrt Tasso die Ruhe, selbst als Antonio unterstellt, Poetenlorbeer lasse sich mühelos erringen. Weiß der Teufel, warum der sonst so Kluge immer weiter auf des Dichters Leistung oder Nichtleistung herumreitet. Schließlich kommt es zu einer erregten Auseinandersetzung, in der Tasso – man bedenke: als Gast im gastfreundlichen Hause! – Antonio zum Duell herausfordert und noch mehr gedemütigt wird, denn der Kontrahent erklärt ihn für nicht satisfaktionsfähig.

Was passieren kann, passiert bekanntlich auch. Der Herzog kommt gerade in dem Moment dazu, als Tasso den Degen zieht, und es fällt Antonio nicht schwer, den Angreifer als Alleinschuldigen hinzustellen. Der habe schließlich »das Gebiet der Sitten« mit seiner Leidenschaft und Grobheit verlassen. Alfons verurteilt den Dichter zu

Stubenarrest. Stubenarrest! »Mich züchtiget der Fürst wie einen Schüler.« Der extrem Empfindsame reagiert entsprechend extrem. So wie er vorher die Ehrung durch den Lorbeer überinterpretiert hat, denkt er nun, die vergleichsweise geringe Strafe (immerhin wegen eines Duells!) bedeute das Ende aller Zuneigung, legt nicht nur den Degen nieder, sondern gibt auch noch den Lorbeerkranz zurück. In Tassos Abwesenheit (könnte er's hören, würde er sich vielleicht etwas beruhigen) fordert der gerechte Herzog Antonio auf, den Frieden wiederherzustellen und das Vertrauen Tassos zu gewinnen.

Der Dichter, mehr denn je auf sich zurückgeworfen, fällt in alte Mißtrauensvorstellungen zurück. Er unterliegt einem reichlich infantilen Keiner-liebt-mich-Schema, glaubt sich von allen verraten und verkauft. Dabei ist ihm die Prinzessin weiter zugetan und wünscht sich nichts so sehr wie das frühere friedlich-respektvolle Einvernehmen. Die Gräfin Sanvitale bemüht sich als Vermittlerin, hofft aber im geheimen, daß sie Tasso bewegen kann, ihr an den Florentiner Hof zu folgen. Der Dichter Dante hat seine Beatrice unsterblich gemacht und Petrarca seine Laura. Die Vorstellung, daß eine Leonore Sanvitale in Tassos Werke einginge, gefällt ihr sehr.

Hätte die Prinzessin eine Ahnung von den geheimen Absichten ihrer Freundin, wäre sie gewiß entsetzt. Schwer genug hat sie sich eingestanden, wie tief sie für Tasso empfindet: »Ihn mußt ich ehren, darum liebt ich ihn; / Ich mußt ihn lieben, weil mit ihm mein Leben / Zum Leben ward, wie ich es nie gekannt.«

Wenn er das doch wüßte, um wieviel besser ginge es ihm! Und vollends, wenn er erführe, daß der tüchtige Antonio ihn sogar in einem Punkt beneidet: daß nämlich ein Dichter so viel mehr Anklang bei den Frauen zu finden scheint. Gräfin Leonore setzt ihm auseinander, warum er nicht das gleiche Glück hat: Bei ihm sei alles Ordnung und

Sicherheit, er könne für sich und andre sorgen. »Jener / Beschäftigt uns in unserm eignen Fache. / Ihm fehlt's an tausend Kleinigkeiten, die / Zu schaffen eine Frau sich gern bemüht.«

Leonore will Antonio glauben machen, wenn Tasso Belriguardo eine Weile verlasse, würde das sowohl ihm als auch seiner Umgebung guttun. (Wir wissen, worauf sie spekuliert!) Antonio hält nichts von dieser Idee, sähe es doch für manchen gar so aus, als hätte er ihn vertrieben. Dabei könne der Dichter von ihm aus ruhig hierbleiben. Er für sein Teil sei nicht gegen ihn eingenommen, fühle sich allerdings auch an nichts schuld, und wenn jener sich mit ihm versöhnen wolle, so würden sie schon ganz leidlich miteinander auskommen.

Indessen fühlt sich Tasso eingesperrt wie hinter einer schwarzen Pforte. Er weiß nur von Haß und Mißtrauen, Weltekel und Angst zu reden. Antonio bleibt ein Reizthema für den Empfindlichen: »Ich kann ihm wohl verzeihen, er nicht mir; / Und sein bedarf man, leider meiner nicht.« Antonio sei überheblich, der blanke Neid auf seine dichterische Begabung diktiere ihm das Verhalten. Daß hinter den Worten Gräfin Leonores noch mehr und anderes steckt, spürt er zwar, durchschaut aber ihre eigentlichen Absichten nicht, sondern denkt in seinem Wahn, sie mache sich zum Werkzeug seiner Feinde.

Antonio bemüht sich um Tasso, aber jetzt hält dieser zunächst auf Distanz. Der Edelmann gesteht sogar zu, den Dichter ungewollt gekränkt zu haben, und bittet um Vergebung. Doch noch immer zögert Tasso. »Tritt nicht zurück«, bittet ihn Antonio dringlich, »erfülle meinen Wunsch, / Den Wunsch des Fürsten, der mich zu dir sendet.« Als Tasso verzeiht, bietet ihm Antonio an, seinen guten Willen zu prüfen. Wenn jener etwas wünsche und er könne dabei nützlich sein, so wolle er helfen.

Tasso möchte nach Rom gehen, um im Kreise kritischer

Freunde sein jüngstes Werk vorzustellen. Antonio rät zum Bleiben, denn: »Entfernst du dich, so wirst du nichts gewinnen, / Vielleicht verlieren, was du schon gewannst.« Er glaubt auch nicht, daß Alfons den Dichter gerade jetzt ziehen läßt, während Tasso sicher ist, daß nur der Rechte richtig bitten muß, dann könne seine Bitte eigentlich gar nicht abgeschlagen werden. Antonio steht im Zwiespalt: Er soll vermitteln, was er selbst nicht loben kann, und hat doch sein Wort gegeben. Schließlich gibt er dem Drängen nach, auch wenn er glaubt, daß es Tasso fern von Belriguardo schlecht ergehen werde: »Doch sag ich dies nicht mehr, um dir zu raten; / Ich sage nur voraus, was bald geschieht«.

Antonio trägt dem Fürsten den Wunsch des Dichters vor, erinnert ihn auch an Tassos übertriebene Gefühlswallungen und sein »launisch Mißbehagen«, immer aber mit der Absicht, daß Alfons den Dichter um so leichter ziehen lasse. Man redet freimütig miteinander. »Wir sollen eben nicht in Ruhe bleiben!« seufzt Alfons. »Gleich wird uns, wenn wir zu genießen denken, / Zur Übung unsrer Tapferkeit ein Feind, / Zur Übung der Geduld ein Freund gegeben.« Doch gewährt er ihm am Ende die Bitte.

Tasso bedankt sich bei Alfons, daß er ihn mit seinem Widersacher versöhnt habe, und entschuldigt sich sogar für seine frühere Unbedachtheit. Als er freilich sein Manuskript vom Fürsten zurückerbittet, möchte der erst noch eine Abschrift anfertigen lassen. In der Zwischenzeit könne Tasso seine Gesundheit durch eine Kur festigen und sich dem eignen Selbst entreißen; moderner ausgedrückt: Der Fürst diagnostiziert Tassos Krankheit als extreme Introvertiertheit. Aber der Dichter führt ein starkes Argument ins Feld gegen des Fürsten Vorschlag, sich durch Zerstreuung zu erholen: »Wenn ich nicht sinnen oder dichten soll, / So ist das Leben mir kein Leben mehr. / Verbiete du dem Seidenwurm zu spinnen, / Wenn er sich schon dem Tode näher spinnt.«

Kurze Zeit später steht er noch einmal der geliebten und verehrten Prinzessin gegenüber. Hat er sich eben noch gegenüber Antonio und Alfons als aktiver, zielorientierter Mensch präsentiert, ändert sich sein Rollenverhalten auf einmal völlig. Er spielt den Unsicheren, der zu »keinem Unternehmen Glück« habe, und erkennt an der Reaktion der Prinzessin schnell, daß ihm ihre Sympathie nach wie vor gehört. Da geht seine Leidenschaft mit ihm durch, und er schildert, was er für sie empfindet. »Wenn ich dich, Tasso, länger hören soll«, sagt die derart Verehrte zu ihm, »So mäßige die Glut, die mich erschreckt.« Aber nein, er facht sie noch mehr an, bis er die Prinzessin voller Leidenschaft an sich drückt. Sie stößt ihn entsetzt zurück und läuft davon.

Ein letztes Gespräch mit Antonio schließt sich an. Er versucht Tasso den Blick dafür zu öffnen, wie angreifbar er sich gemacht habe, wie leicht jetzt ein Feind – und er habe sich doch immer von Feinden umgeben gefühlt – über ihn triumphieren könne. Sofort unterliegt der Poet wieder seinem Verfolgungswahn und hält Antonio für das Werkzeug des Tyrannen, einen Kerkermeister und Marterknecht. Tasso fühlt sich verurteilt, verbannt, verstoßen.

Antonio macht jetzt einwandfrei die bessere Figur. Tasso hat uns zwar so großartige Werke wie den »Rinaldo«, »Das befreite Jerusalem« und das Schäferspiel »Aminta« geschenkt. Aber dieser Diplomat muß nicht zeitlose Werke geschaffen haben, um ein anständiger Mensch in seiner Zeit gewesen zu sein. Jedenfalls hat er einen nicht zu verachtenden Sinn für die Realitäten, ist in der Lage, seine Grenzen richtig einzuschätzen und sogar über den eigenen Schatten zu springen. Auch als Tasso alles um sich her in »einen grausen Haufen Schutt verwandelt« sieht, versucht er ihn noch zu stützen und zu stärken: »Laß eines Mannes Stimme dich erinnern, / Der neben dir nicht ohne Rührung steht! / Du bist so elend nicht, als wie du glaubst. / Ermanne dich! Du gibst zu viel dir nach.«

Am Ende finden sie doch noch zueinander. Tasso erkennt das Schreiben als bitter-schöne Aufgabe, in der für ihn die Lebensrettung steckt: »Und wenn der Mensch in seiner Qual verstummt, / Gab mir ein Gott zu sagen, wie ich leide.« Antonio drückt ihm die Hand, und Tasso, der sich als sturmbewegte Welle empfindet, ist froh, daß die Natur auch Felsen wie Antonio geschaffen hat.

ROMANE UND ERZÄHLUNGEN

Die Leiden des jungen Werthers

Da liegt ein Stapel Briefe, niedergeschrieben mit wilder Handschrift, aber ordentlich vom Mai 1771 bis Dezember 1772 datiert, und jemand hat auf einem Blatt hinzugefügt: »Was ich von der Geschichte des armen Werthers nur habe auffinden können, habe ich mit Fleiß gesammlet und leg es euch hier vor und weiß, daß ihr mir's danken werdet. Ihr könnt seinem Geist und seinem Charakter eure Bewunderung und Liebe und seinem Schicksale eure Tränen nicht versagen.«

Das ist schon ein merkwürdiger Mensch, dieser junge Werther, dessen Leben wir da aus seinen Briefen kennenlernen. Er trägt entgegen jeder Mode einen blauen Frack mit gelber Weste, kombiniert mit braunen Stulpenstiefeln und einem runden Hut. Er scheint Maler zu sein, beschäftigt sich aber vor allem mit Lesen, wobei Homer und Ossian bei ihm gerade hoch im Kurs stehen, die Sänger des Südens und des Nordens. Auch die Natur liebt er, schöne Mädchen – und nicht zuletzt sich selbst: einen Stern, um den all seine Gefühle und Gedanken unablässig kreisen.

Einerseits geht es ihm gut, ist er doch der Sohn einer wohlhabenden Witwe; andrerseits schlecht, weil seine letzte Liebe so verkorkst war, daß er schließlich aus dieser Beziehung an einen idyllischen Ort geflohen ist, wo er nun den Frühling und die Literatur genießt. »Ich bin so allein und freue mich so meines Lebens in dieser Gegend, die für solche Seelen geschaffen ist wie die meine.«

Einen guten Freund scheint er auch zu haben. Der heißt Wilhelm. Ihm schreibt er oft und gibt sich in diesen Briefen ganz preis, schildert jede Gefühlsregung, alle Skrupel und Seligkeiten. Gleich zu Anfang teilt er ihm mit, wie gut es ihm jetzt endlich wieder geht. »Jeder Baum, jede Hecke ist ein Strauß von Blüten, und man möchte zur Maienkäfer werden, um in dem Meer von Wohlgerüchen herumschweben und alle seine Nahrung darinne finden zu können.«

Bald hat er sich den Ort erwandert und liebt vor allem einen Brunnen sehr, wo man sich trifft und miteinander spricht. »Ich hab allerlei Bekanntschaft gemacht, Gesellschaft hab ich noch keine gefunden. Ich weiß nicht, was ich Anzügliches für die Menschen haben muß, es mögen mich ihrer so viele und hängen sich an mich, und da tut mir's immer weh, wenn unser Weg nur so eine kleine Strecke miteinander geht.« In dem fürstlichen Amtmann S. lernt er einen offenen, treuherzigen Menschen kennen. »Man sagt, es soll eine Seelenfreude sein, ihn unter seinen Kindern zu sehen, deren er neune hat. Besonders macht man viel Wesens von seiner ältsten Tochter.«

Ein paar Wochen später findet in einem Jagdhaus auf dem Land ein Ball statt, zu dem auch Werther eingeladen ist. Am Abend fährt er mit seiner Tanzpartnerin dorthin. Unterwegs sollen sie Charlotte S. mitnehmen, ebenjenes Mädchen, von dem man so viel Wesens macht. »Sie werden ein schönes Frauenzimmer kennenlernen«, verspricht man ihm und warnt ihn zugleich davor, sich in Charlotte zu verlieben. Auf sein verwundertes Nachfragen erhält er zur Antwort: »Sie ist schon vergeben [...] an einen sehr braven Mann, der weggereist ist, seine Sachen in Ordnung zu bringen nach seines Vaters Tod und sich um eine ansehnliche Versorgung zu bewerben.«

Das interessiert Werther herzlich wenig, denn er hat nicht vor, sich schon wieder zu verlieben. Man fährt zum Haus des Herrn S. Der junge Mann steigt aus, geht die

Treppe hinauf, tritt ein und wird Zeuge eines reizenden Schauspiels: »In dem Vorsaale wimmelten sechs Kinder, von eilf zu zwei Jahren, um ein Mädchen von schöner mittlerer Taille, die ein simples weißes Kleid mit blaßroten Schleifen an Arm und Brust anhatte. Sie hielt ein schwarzes Brot und schnitt ihren Kleinen ringsherum jedem sein Stück nach Proportion ihres Alters und Appetites ab [...]«

Mit der größten Selbstverständlichkeit bittet Lotte den Unbekannten herein. Erst muß sie den Kindern noch ihr Abendbrot geben, umgezogen sei sie schon, gleich werde sie auch Handschuh und Fächer holen, und dann könne es losgehen.

Der Abend beginnt schwungvoll und unbekümmert. Contretänze stehen auf dem Programm. Nach dem ersten mit Lotte ist Werther selig: »Ich war kein Mensch mehr. Das liebenswürdigste Geschöpf in den Armen zu haben und mit ihr herumzufliegen wie Wetter, daß alles ringsumher verging, und – Wilhelm, um ehrlich zu sein, tat ich aber doch den Schwur, daß ein Mädchen, das ich liebte, auf das ich Ansprüche hätte, mir nie mit einem andern walzen sollte als mit mir, und wenn ich drüber zugrunde gehen müßte, du verstehst mich.« Wenn Wilhelm so vernünftig ist, wie er sich in Werthers Briefen widergespiegelt findet, dürfte er ihm geantwortet haben: Mein Lieber, trübe nicht gleich den Anfang Deines Glücks mit unnötiger Eifersucht!

Irgendwann an diesem Abend kommen sie an einer älteren Dame vorbei, die Lotte mit dem Finger droht und den Namen Albert nennt. »Wer ist Albert?« fragt Werther. Sie setzt an, es ihm zu erklären, da beginnt schon der nächste Tanz. Und dann zieht draußen ein heftiges Gewitter vorüber. Um ihre Angst vor Blitz und Donner zu unterdrücken, ruft Lotte zu einem Pfänderspiel auf, bei dem jeder, der sich irrt, eine Ohrfeige bekommt. »Ich selbst kriegte zwei Maulschellen«, erinnert sich Werther, »und glaubte mit innigem Vergnügen zu bemerken, daß sie stärker seien, als sie sie den übrigen zuzumessen pflegte.« Liebe geht schon seltsame Wege! Als das Gewitter vorüber ist, tritt er mit seiner Tänzerin ans Fenster und genießt die erfrischte Natur. Lotte schaut gen Himmel, schaut auf Werther, Tränen treten ihr in die Augen, und wie eine geheime Losung flüstert sie den Namen eines Lieblings aller Empfindsamen: »Klopstock!«

Der Abend bleibt Werther unvergeßlich. Immer wenn er in das Nachbardorf Wahlheim wandert, um dort zu lesen, zu malen oder einfach die Zeit genußvoll zu vertändeln, kommt er an dem Jagdhaus vorbei und erinnert sich des schönen Festes. Auch das Haus des Amtmanns besucht er jetzt oft, spielt hingebungsvoll mit den Kindern und fühlt sich in Lottes Gegenwart grundwohl. Einmal besucht man gemeinsam den Pfarrer von St., einem Ort, der eine Stunde vom Städtchen entfernt liegt. Werther wird Zeuge, wie ein anderer Gast gegen ihn eifersüchtelt, weil er ein Stück des Weges mit dessen Freundin ging. Es sollte doch ein leichtes sein, mit derlei fertig zu werden, meint ausgerechnet er gegenüber der Pfarrfrau, bekommt aber zur Antwort, daß man sein Gemüt nicht immer in der Gewalt habe: »wie viel hängt vom Körper ab! Wenn man nicht wohl ist, ist's einem überall nicht recht.« Werther stimmt ihr bei und beschließt, solche Grillen wie eine Krankheit zu behandeln und zu schauen, ob sich nicht ein Gegenmittel finden lasse.

Mittlerweile nimmt Lotte all sein Sinnen und Trachten ein. Wenn er ihre Hand auch nur mit einem Finger berührt, überläuft's ihn schon. Wenn sie singt, spürt er die Zauberkraft der Musik, »oft zur Zeit, wo ich mir eine Kugel vor 'n Kopf schießen möchte«. Dann kehrt Albert, ihr Verlobter, zurück. Obwohl ihm eine gewisse Trockenheit eignet, freundet sich Werther bald mit ihm an, und man mag sich gegenseitig gut leiden. Nicht leiden kann der allzeit Spontane, daß sein neuer Freund alles bedächtig abwägt und jedem Satz ein Zwar und Aber anhängt. »Nun weißt du«, schreibt er an Wilhelm, »daß ich den Menschen sehr liebhabe bis auf seine Zwar. Denn versteht sich's nicht von selbst, daß jeder allgemeine Satz Ausnahmen leidet. Aber so rechtfertig ist der Mensch, wenn er glaubt, etwas Übereiltes, Allgemeines, Halbwahres gesagt zu haben, so hört er dir nicht auf, zu limitieren, modifizieren und ab- und zuzutun, bis zuletzt gar nichts mehr an der Sache ist.«

Einmal will Werther ins Gebirge reiten und leiht sich von Albert dessen Pistolen. Aus Spaß hält er sich eine Mündung an die Stirn. »Pfui«, ruft Albert erschreckt und zieht die Waffe weg vom Kopf, »was soll das!«

»Sie ist nicht geladen«, sagt Werther.

»Und auch so! Was soll's?« entgegnet Albert. »Ich kann mir nicht vorstellen, wie ein Mensch so töricht sein kann, sich zu erschießen; der bloße Gedanke erregt mir Widerwillen.«

Die beiden beginnen ein Gespräch über Leidenschaft, Trunkenheit, Wahnsinn, endlich über Selbstmord. Albert gibt wieder seine vernünftigen Antworten, womit er Werther, ohne es zu wollen, wütend macht, »denn kein Argument in der Welt bringt mich so aus der Fassung, als wenn einer mit einem unbedeutenden Gemeinspruche angezogen kommt, da ich aus ganzem Herzen rede«.

Wie wirr es aber in diesem Herzen aussieht, zeigt sich, als Werther die Dreierfreundschaft nicht mehr erträgt, weil in ihr eine Zweierbeziehung steckt, an der er keinen Anteil hat. Immer kläglicher werden seine Briefe an Wilhelm. »Schon vierzehn Tage geh ich mit dem Gedanken um, sie zu verlassen. Ich muß.«

Noch einmal trifft er sich mit den Freunden im Garten. »Ich stand auf der Terrasse unter den hohen Kastanienbäumen und sah der Sonne nach, die mir nun zum letztenmal über dem lieblichen Tale, über dem sanften Flusse unterging.« Am nächsten Tag ist er fort.

Er arbeitet jetzt für einen Gesandten, doch setzen ihm schon bald höfischer Standesdünkel und die Pedanterie seines Vorgesetzten, dessen Umständlichkeit und Überpünktlichkeit heftig zu. Soll er ein Dokument für ihn abfassen, weiß Werther schon im voraus, daß es anderntags zur Überarbeitung wieder auf seinem Tisch liegt. »Kein Und, kein Bindwörtchen sonst darf außenbleiben, und von allen Inversionen, die mir manchmal entfahren, ist er ein Todfeind. Wenn man seinen Period nicht nach der hergebrachten Melodie heraborgelt, so versteht er gar nichts drinne. Das ist ein Leiden, mit so einem Menschen zu tun zu haben.«

Ach, wie sehr wünschte er sich gerade jetzt einen leichteren Sinn. »Da, wo andre mit ihrem bißchen Kraft und Talent vor mir in behaglicher Selbstgefälligkeit herumschwadronieren, verzweifl ich an meiner Kraft, an meinen Gaben. Guter Gott! der du mir das alles schenktest, warum hieltest du nicht die Hälfte zurück und gabst mir Selbstvertrauen und Genügsamkeit!« Endlich schließt er sich dem Erbprinzen an, weil er hofft, daß es ihm dort besser ergehen werde. Dieser geht auch stets, so gut er kann, auf Werther ein, wenn der mal wieder emphatisch etwas von Natur und Kunst erzählt, doch das ist ihm auch nicht recht, ja, er knirscht mit den Zähnen, wenn der Prinz »mit einem gestempelten Kunstworte dreintölpelt«.

Und dann kann er Lotte nicht vergessen, ihre schwarzen Augen, ihren Liebreiz. Unablässig spürt er diesen Schmerz in der Brust. Zuletzt quittiert er den Dienst und geht dorthin zurück, wo er so viel Leidenschaft und so viel Leiden erfahren hat. Mittlerweile haben Albert und Lotte geheiratet. Werther schreibt an Wilhelm: »Wenn ich nicht schon hundertmal auf dem Punkte gestanden bin, ihr um den Hals zu fallen. Weiß der große Gott, wie einem das tut, soviel Liebenswürdigkeit vor sich herumkreuzen zu sehn und nicht zugreifen zu dürfen. Und das Zugreifen ist doch der natürlichste Trieb der Menschheit. Greifen die Kinder nicht nach allem, was ihnen in Sinn fällt? Und ich?«

Lotte fühlt, wie sehr ihr Freund leidet, und kann ihn doch nicht glücklich machen. Und da es sie bedrückt, bedrückt es schließlich auch Albert, und zwar so sehr, daß er das Zimmer seiner Frau meidet, wenn der verliebte Freund zu Besuch ist. Die erste Ehekrise der Jungvermählten ist da, verursacht durch Werther. Zu Beginn des Advents beschließt er deshalb, vor dem Fest nicht mehr zu kommen, doch hält er's dann nicht aus. »Du glaubst, ich würde gehorchen und erst Weihnachtsabend dich wiedersehn. O Lotte! Heut oder nie mehr.« Um halb sieben abends betritt er das Haus der Geliebten.

»Sie haben nicht Wort gehalten!« ruft die geliebte Frau erschreckt aus.

»Ich habe nichts versprochen.«

»So hätten Sie mir wenigstens meine Bitte gewähren sollen«, antwortet Lotte, »es war Bitte um unserer beider Ruhe willen.«

Werther bringt einige entliehene Bücher zurück. Sie sitzen auf dem Sofa.

»Haben Sie nichts zu lesen?« fragt ihn Lotte. »Da drinne in meiner Schublade [...] liegt Ihre Übersetzung einiger Gesänge Ossians, ich habe sie noch nicht gelesen, denn ich hoffte immer, sie von Ihnen zu hören, aber zeither sind Sie zu nichts mehr tauglich.«

Er nimmt den Vorwurf hin, aber die Augen stehen ihm voller Tränen. Dann beginnt er zu lesen, und beide tauchen sie tief in die Welt des nordischen Dichters ein. Werther ergreifen die Worte derart, daß er Lotte, als sie sich mit einer wehmütigen Bewegung zu ihm neigt, heftig umarmt und sie küßt und wieder küßt. Sie reißt sich, bebend vor Liebe und Zorn, von ihm los. »Das ist das letzte Mal! Werther! Sie sehn mich nicht wieder.« Und schon hat sie sich im Nebenzimmer eingeschlossen. Da hilft es auch nichts mehr, wenn er ihr nachschreit: »Lotte! Lotte! nur noch ein Wort, ein Lebewohl!«

Anderntags setzt er sich hin und schreibt der geliebten Frau einen Brief voller Verzweiflung und Liebe, Hingabe und Todessehnsucht, den er aber nicht abschickt. Später ein Zettelchen für Albert: »Wollten Sie mir wohl zu einer vorhabenden Reise Ihre Pistolen leihen? Leben Sie recht wohl.«

Der Verzweifelte zerreißt am frühen Nachmittag allerlei Papiere, packt ein, was ihm gehört, und bezahlt seine Schulden. Ein Brief an Wilhelm. Einer an Albert: » O daß ihr glücklich wäret durch meinen Tod! Albert! Albert! mache den Engel glücklich.« Ein Brief noch an die geliebte Frau: »Lotte, kein Jahrtausend vermag den Eindruck auszulöschen! Und ich fühl's, du kannst den nicht hassen, der so für dich glüht.« Es wird Mitternacht. Der Nachbar sagt später, er habe einen Schuß gehört, aber nicht weiter drauf geachtet, weil danach alles still blieb.

Da haben wir nun einen Stapel Briefe gelesen, und der unbekannte Herausgeber hat ein letztes Blatt dazugetan, auf dem steht: »Morgens um sechse tritt der Bediente herein mit dem Lichte, er findet seinen Herrn an der Erde, die Pistole und Blut. Er ruft, er faßt ihn an, keine Antwort, er röchelt nur noch.«

Werther hatte sich über dem rechten Auge in den Kopf geschossen. Um zwölf Uhr mittags stirbt er. Um elf Uhr nachts wird er begraben. Der Amtmann und seine Söhne folgen der Leiche. Albert war dazu nicht in der Lage, und für Lottes Leben fürchtete man. Handwerker trugen Werthers Sarg. Ein Geistlicher war nicht dabei.

Wilhelm Meisters Lehrjahre

Vom Theater ist Wilhelm begeistert, seit die Mutter den Kindern zu Weihnachten ein Marionettenspiel geschenkt hat. Zeitweise wird es ihm sogar zu einer regelrechten Lebensschule. Da er ein sehr ansehnlicher junger Mann ist, durchläuft er auch die Schule der Frauen, und es wirken die unterschiedlichsten an seiner Menschenbildung mit: leidenschaftliche, fromme, biedere und kokette.

So schlägt das Herz der Schauspielerin Mariane für ihn, und Wilhelm wird ihr hingerissener Liebhaber, ohne zu wissen, daß sie sich in ihrer materiellen Not von einem Kaufmann aushalten läßt. Ihre alte Haushälterin ist besorgt über diesen geschäftsschädigenden Anfall von Liebe. Heute abend, nach der Vorstellung, erwarte Mariane noch Besuch? »Doch nicht den jungen, zärtlichen, unbefiederten Kaufmannssohn?« – »Eben den«, versetzt die Schauspielerin. »Spotte, wie du willst. Ich lieb ihn! ich lieb ihn! Mit welchem Entzücken sprech ich zum erstenmal diese Worte aus!«

Bevor ihr Kaufmann zurück ist, bleiben Mariane noch vierzehn Tage, um diese Liebe zu leben. Glücklich schließt Wilhelm sie, die in einem neuen weißen Negligé ganz bezaubernd aussieht, in die Arme, plaudert von Zukunftsplänen, von seinem Wunsch, auch Schauspieler zu werden, gar der Schöpfer eines künftigen Nationaltheaters, von dem man jetzt so viel rede.

Dann verrät Freund Werner ihm die Wahrheit über Mariane. Wilhelm will es nicht glauben, doch bald darauf findet er einen Zettel, auf dem es heißt: »Hab ich dir nicht das weiße Negligé darum geschickt, daß ich ein weißes Schäfchen in meinen Armen haben will?«

Da bricht eine Welt für ihn zusammen. Krankheit wirft ihn nieder. Als er wieder bei Kräften ist, arbeitet er im Comptoir seines Vaters und sucht Vergessen in der Gleichförmigkeit dieser langweiligen Arbeit. Eines Tages wird er auf die Reise geschickt, um ausstehende Schulden einzutreiben. Der Vater weiß, »man kann einem jungen Menschen keine größere Wohltat erweisen, als wenn man ihn zeitig in die Bestimmung seines Lebens einweiht«. Wohlausgerüstet verläßt Wilhelm das Elternhaus und zieht in die Ferne.

Natürlich quält ihn der Gedanke an Mariane immer noch. Ob er sie, aus deren Dasein er nach der Entdeckung ihres geheimen Lebens jäh und ohne Abschied verschwunden ist, nicht doch noch ein letztes Mal hätte besuchen, eine Aussprache mit ihr herbeiführen sollen? Obwohl nach Kräften bemüht, alles zu vergessen, was die Schauspielerei betrifft, kommt er auf seiner Reise immer wieder mit Menschen in Berührung, die damit zu tun haben, gerade so, als wolle ihm das Schicksal einen Wink geben, daß er mit dem Theater noch nicht fertig sei.

Eines Tages trifft er auf die »Trümmer einer Schauspielergesellschaft«, ein Dutzend Leute, zu denen der gewandte Laertes gehört und Philine, die nun freilich ein besonderes Frauenzimmer ist. Hat Wilhelm bei Mariane gelernt, was die große Liebe ist, so könnte ihm Philine – wenn denn sein Herz schon wieder frei wäre – die Leichtigkeit des Seins und eine heiter-frivole Selbstbestimmtheit vermitteln. Sie begehrt ihn, er sie zwar auch, zieht es dann aber vor, ihr zu widerstehen (wenn wir von dem einen Mal absehen, als er betrunken war). Zur Truppe gehört auch Melina, der freilich kein Schauspieler aus Berufung, sondern nur des Geldes wegen ist, was man seinen Leistungen auch anmerkt.

Abends ertönt Lärm von der Straße. Eine italienische Seiltänzertruppe will auftreten. Doch das knabenhafte Mädchen, das dazugehört, weigert sich verzweifelt, seinen artistischen Eiertanz zu zeigen. Daraufhin zieht der Direktor der Truppe es derart brutal bei den Haaren herbei und prügelt es dazu noch mit dem Peitschenstiel, daß ihm Wilhelm regelrecht an die Gurgel geht. »Zahlen Sie mir, was mich ihre Kleider kosten«, keucht der Schausteller schließlich wütend, »und Sie mögen sie behalten.«

Damit hat Wilhelm eine anrührende kleine Dienerin gewonnen. Sie heißt Mignon und kennt weder ihr Alter noch ihre Herkunft. Ihren Fandango zeigt sie nur noch einmal und einzig vor Wilhelm – ein wirklich staunenswertes Kunststück übrigens, denn sie tanzt dabei mit verbundenen Augen zwischen eng zusammengestellten Eiern, von denen sie auch bei schnellster Bewegung keines zertritt.

Einmal hört er sie singen: »Kennst du das Land, wo die Zitronen blühn, / Im dunkeln Laub die Goldorangen glühn, / [...] / Dahin! Dahin / Möcht ich mit dir, o mein Geliebter, ziehn!« – »Es muß wohl Italien gemeint sein«, meint Wilhelm, »woher hast du das Liedchen?« – »Italien!« murmelt Mignon vor sich hin, »gehst du nach Italien, so nimm mich mit, es friert mich hier.«

Die Schauspielergesellschaft verspricht sich von Wilhelm Meister nicht nur Freundschaft, sondern auch Geld. Mit 300 Talern können alle Requisiten und die gesamte Garderobe wieder aus dem Pfandhaus geholt werden. Obwohl das Geld dem Vater gehört, benutzt es der junge Mann vorderhand, um seinen neuen Freunden zu helfen. Des Abends setzt man sich zusammen und probt, beflügelt vom Punsch, eines jener Ritterstücke, wie sie in letzter Zeit so populär geworden sind.

Als die Reise weitergeht, schließt sich der Truppe ein alter Harfenspieler an, dessen sorgende Aufmerksamkeit Mignon gilt. Später wird offenbar werden, daß er ihr Vater ist. Als entlaufener Mönch hat er sie gezeugt, ohne zu wissen, daß seine Geliebte die eigene Schwester ist.

Die Schauspieler haben Glück. Gerade in dem Augenblick, als sie auf einem gräflichen Schloß erscheinen, wird dort ein theaterliebender Prinz erwartet. Der bevorzugt zwar das altbacken-steife französische Schauspiel; aber der gastgebende Graf hofft, dieses zufällig hereingeschneite Ensemble werde gute Arbeit leisten und mit seinen Darbietungen Freude bereiten. Philine kündigt der Gräfin in ihrer fröhlich-bedenkenlosen Weise Wilhelm als Liebhaber des Ensembles an, und so findet sich dieser unversehens als Schauspieler unter Schauspielern wieder.

Der Graf bestellt eines jener herkömmlichen allegorischen Spiele mit Ehrenpreisungen, Kindertänzen und Balletteinlagen, die dem Prinzen das Besondere seiner Person vor Augen führen sollen. Wilhelm, der mittlerweile schon manches selbstverfaßte Stück in der Schublade hat, soll sich an die Arbeit machen.

Auf dem Schloß hält sich auch Major Jarno auf, ein wortkarger Zyniker, der, wenn er denn etwas sagt, dies in der Regel reichlich ungeschminkt tut. Es wird gemunkelt, er sei ein illegitimer Sohn des Prinzen, gescheit zwar und vielgereist, aber eben nicht sehr angenehm im Umgang. Das Begrüßungsspiel geht mit Erfolg über die Bühne. Jarnos Kommentar gegenüber Wilhelm lautet freilich: »Es ist schade, daß Sie mit hohlen Nüssen um hohle Nüsse spielen.«

Er macht ihn mit den kraftvollen Dramen Shakespeares bekannt. Wilhelm ist begeistert. »Man glaubt vor den aufgeschlagenen ungeheuren Büchern des Schicksals zu stehen, in denen der Sturmwind des bewegtesten Lebens saust und sie mit Gewalt rasch hin und wider blättert.« Jarno freut sich über diese Reaktion und legt dem jungen Mann nahe, sein Leben bald zu ändern, denn daß er nicht zu diesen Wanderschauspielern gehört, ist ihm rasch deutlich geworden.

Die Tage auf dem Schloß gehen ihrem Ende entgegen, die Truppe rüstet zum Aufbruch. Wilhelm aber hat schon wieder eine Eroberung gemacht. Diesmal ist es die junge Gräfin. Nur einen Augenblick ruht ihr Haupt auf seiner Schulter, dann reißt sie sich mit dem Schrei los: »Entfernen Sie sich, eilen Sie!« Und als er nicht gleich versteht, ruft sie dem Verwirrten nach: »Fliehen Sie mich, wenn Sie mich lieben.«

Auf einer Waldlichtung werden die Schauspieler von Räubern überfallen. Ein Schuß verwundet Wilhelm zwischen Brust und linkem Arm, ein Schwerthieb dringt durch seinen Hut. Als der Ohnmächtige wieder zu sich kommt, liegt sein Kopf in Philines Schoß, und Mignon versucht, sein Blut mit ihrem Haar zu stillen. Als hilfreich erweist sich dann eine plötzlich auftauchende, betörend schöne Amazone, die den unter Schock Stehenden mit einem Mantel zudeckt, die Wunden durch ihren Arzt versorgen läßt und schon wieder verschwunden ist. Ihre Erscheinung prägt sich Wilhelm für immer ein.

Wieder reisefähig, nimmt er sich zunächst der erneut mittellosen Truppe an: »Ich verspreche, daß ich nicht eher von euch weichen, euch nicht eher verlassen will, als bis ein jeder seinen Verlust doppelt und dreifach ersetzt sieht, bis ihr den Zustand, in dem ihr euch, durch wessen Schuld es wolle, befindet, völlig vergessen und mit einem glücklichern vertauscht habt.«

Er und der Kern des Ensembles werden von Serlo, dem Theaterdirektor der nächsten Stadt, engagiert. Bald kommt auch hier die Rede auf Shakespeare. »Hamlet« soll gegeben werden. Wilhelm hat zwar noch niemals Regie geführt, macht aber seine Arbeit so gut, daß die Aufführung (übrigens auch noch mit ihm in der Titelrolle!) ein runder Erfolg wird.

Etwa um diese Zeit teilt ihm Freund Werner in einem Brief mit, wie er sich seine Zukunft vorstellt: die »Geschäfte verrichtet, Geld geschafft, sich mit den Seinigen lustig gemacht und um die übrige Welt sich nicht mehr bekümmert, als insofern man sie nutzen kann«. Dem begegnet Wilhelm mit einer ganz anderen Perspektive: »Daß ich Dir's mit *einem* Worte sage: mich selbst, ganz wie ich da bin, auszubilden, das war dunkel von Jugend auf mein Wunsch und meine Absicht.« Und dazu sei das Theater die denkbar beste Schule.

Mittlerweile hat er auch Serlos Schwester Aurelie kennengelernt, eine hervorragende Schauspielerin, die aber im persönlichen Umgang herb bis zur Aggressivität sein kann. Sie hat mit der französischen Tändelei gar nichts mehr im Sinn, sondern identifiziert sich mit ihren Rollen bis zur Selbstaufgabe. Bei der ersten Begegnung ist sie Wilhelm noch gram, weil der Treuherzige ihrem Bruder all die mittelmäßigen Schauspieler der alten Truppe für dessen Ensemble empfohlen hat. »Sie dürfen nicht darüber betreten sein«, meint sie dann aber einlenkend, »zum Lichte des Verstandes können wir immer gelangen; aber die Fülle des Herzens kann uns niemand geben.«

Er lernt auch ihr dreijähriges Pflegekind Felix kennen, einen reichlich ungebärdigen, aber liebenswerten kleinen Kerl.

Als zweite Regiearbeit bringt Wilhelm Lessings »Emilia Galotti« auf die Bühne. Aurelie spielt die weibliche Hauptrolle mit einer Leidenschaft sondergleichen und der Dreingabe allen persönlichen Kummers. Während das Publikum vor Begeisterung rast, liegt sie »halb ohnmächtig in einem Sessel, als man sie nach der Aufführung« aufsucht.

Ihr Ende ist tragisch: Der Bruder kritisiert ihre übertriebene Spielweise, so daß sie aufgewühlt in den kalten Abend hinausstürzt, sich ein schweres Fieber zuzieht und dahinsiecht. Am Krankenbett liest ihr Wilhelm aus einer frommen herrnhutischen Autobiographie vor, die den Titel »Bekenntnisse einer schönen Seele« trägt. Aurelie schöpft daraus Ruhe und stirbt getrost und tapfer. Besagte »schöne

Seele« war Tante von vier Kindern, deren drei – Natalie, Friedrich und Lothario – nicht nur in den Bekenntnissen eine Rolle spielen, sondern bald auch ganz real in Wilhelms Leben.

Ein neuer Frühling zieht ins Land. Nach Aurelies Tod sucht Wilhelm für eine Weile Abstand zu gewinnen. Er hinterläßt Mignon und Felix der mütterlichen Fürsorge einer Schauspielerin. Während das geheimnisvolle Elfengeschöpf ihm angstvoll die Hand küßt – »Meister! vergiß uns nicht und komm bald wieder« –, ist der handfeste kleine Junge ausgesprochen fröhlich beim Abschied: »Höre! bringe mir einen Vater mit.«

Am Abend erreicht er Lotharios Schloß und übergibt ihm den letzten Brief Aurelies, auf den dieser aber gar nicht sonderlich neugierig zu sein scheint. Was Wilhelm im Leben zufällt und ihn fördert, das erringt sich Lothario wie ein Don Juan: die Herzen der Frauen. Aurelie scheint für ihn schon lange abgetan zu sein. Vor zehn Jahren gab's da noch eine Margarete und deren Nichte. Gerade jetzt steht ihm ein Duell bevor wegen der Frau eines anderen; zudem hat er die hysterische Schauspielerin Lydie am Hals und bringt sogar die durchaus praktisch veranlagte Edel-Landfrau Therese zum Weinen. Und doch ist da ein Geheimnis um den Mann, etwas Besonderes, das ihn weit über seine erotischen Bedürfnisse auszeichnet.

An der Rückseite seines Schlosses befindet sich ein hoher Turm. Dort ist der Sitz einer weithin wirkenden Loge, zu der auch Lothario gehört und deren pädagogische Absichten auf eine neue Gesellschaft und die Veredelung des einzelnen gerichtet sind. War das Theaterleben gleichsam das Fundament der ganzheitlichen Erziehung Wilhelm Meisters, so wird ihn jetzt die mysteriöse Turmgesellschaft – von ihm zunächst unbemerkt – ins tätige Leben führen. Der Abschied von der Welt des Theaters fällt Wilhelm

merkwürdig leicht: Ein Kapitel ist beendet und ein neues
bereits aufgeschlagen. Daß die Zäsur gleichwohl schmerzt,
hängt mit einer traurigen Nachricht zusammen. Erst jetzt
erfährt er, daß Mariane gestorben ist. »Wenn dieses Blatt
jemals zu dir kommt«, liest er in einem nachgelassenen
Brief, »so bedaure deine unglückliche Geliebte, deine Liebe
hat ihr den Tod gegeben. Der Knabe, dessen Geburt ich
nur wenige Tage überlebe, ist dein; ich sterbe dir treu, sosehr der Schein auch gegen mich sprechen mag; mit dir
verlor ich alles, was mich an das Leben fesselte. Ich sterbe
zufrieden, da man mir versichert, das Kind sei gesund und
werde leben.« Sein Sohn aber – der Leser hat es bereits geahnt – ist Aurelies Pflegekind.

Nach langer Zeit denkt Wilhelm zum erstenmal auch
wieder an Werner, den alten Freund und Widerpart. Er will
wissen, was aus seinem Vermögen geworden ist, »und es
schien ihm nunmehr sonderbar, daß er so lange sich nicht
darum bekümmert hatte. Er wußte nicht, daß es die Art
aller der Menschen sei, denen an ihrer innern Bildung viel
gelegen ist, daß sie die äußeren Verhältnisse ganz und gar
vernachlässigen.«

Wilhelms Vater ist mittlerweile gestorben, seine Schwester hat Werner geheiratet, und der kümmert sich jetzt genauso um alle Belange der Familie, wie es immer schon
seine Art war: eigennützig und uneigennützig zugleich,
den Realien des Alltags ebenso Rechnung tragend wie der
eigenen Bequemlichkeit.

Auch wenn Wilhelm Meister jetzt vor neuen Lebensaufgaben steht, hält doch die abgetane Welt des schönen
Scheins noch manche Erkenntnis für ihn bereit. Einmal beklagt er sich bei Jarno über die Schauspieler: »Nicht allein
will jeder der erste, sondern auch der einzige sein, jeder
möchte gerne alle übrigen ausschließen und sieht nicht,
daß er mit ihnen zusammen kaum etwas leistet; jeder
dünkt sich wunderoriginal zu sein und ist unfähig, sich in

etwas zu finden, was außer dem Schlendrian ist; dabei eine immerwährende Unruhe nach etwas Neuem.« Der Angesprochene will sich schier ausschütten vor Lachen. »Wissen Sie denn, mein Freund«, entgegnet er, als er wieder zu Luft kommt, »daß Sie nicht das Theater, sondern die Welt beschrieben haben [...]?« Es sei doch überall so und das Theater kein Vorbild, sondern bestenfalls ein Spiegel der Welt.

Einst hatte Wilhelm einen schlechten Schauspieler, der seine Rollen nur des Gelderwerbs wegen heruntergeorgelte, abgekanzelt: »Wer mit einem Talente zu einem Talente geboren ist, findet in demselben sein schönstes Dasein! Nichts ist auf der Erde ohne Beschwerlichkeit! Nur der innere Trieb, die Lust, die Liebe helfen uns Hindernisse überwinden, Wege bahnen und uns aus dem engen Kreise, worin sich andere kümmerlich abängstigen, emporheben.« Erst jetzt aber vermag er seine Worte auch auf sich selbst anzuwenden, er erkennt, daß seine Talente nicht beim Regieführen und Theaterspielen liegen, und bemüht sich um charakterliche und tätige Weiterentwicklung.

Eines Abends sagt Jarno zu ihm: »Wir können Sie nun so sicher als den Unsern ansehen, daß es unbillig wäre, wenn wir Sie nicht tiefer in unsere Geheimnisse einführten. [...] Sie sollen bald erfahren, welch eine kleine Welt sich in Ihrer Nähe befindet und wie gut Sie in dieser kleinen Welt gekannt sind; morgen früh vor Sonnenaufgang sein Sie angezogen und bereit.«

Wilhelm tut, wie ihm geheißen, und wird in das Turmzimmer der Loge geführt, wo hinter einem Vorhang alle sitzen, die zuletzt in seinem Leben eine Rolle spielten, Menschen, von denen er oft gar nicht wußte, daß sie für die Loge arbeiteten. »Lernen Sie die Menschen kennen, zu denen man Zutrauen haben kann!« wird ihm zugerufen, und er fragt sich völlig verwirrt: »Wenn so viele Menschen an dir teilnahmen, deinen Lebensweg kannten und wußten, was darauf zu tun sei, warum führten sie dich nicht strenger?«

»Rechte nicht mit uns!« ruft eine andere Stimme. »Du bist gerettet und auf dem Wege zum Ziel. Du wirst keine deiner Torheiten bereuen und keine zurückwünschen, kein glücklicheres Schicksal kann einem Menschen werden.« Am Ende der Zeremonie erhält er den sogenannten Lehrbrief ausgehändigt, ein Blatt mit Weisheitsworten, die ihn von nun an begleiten werden. »Die Kunst ist lang, das Leben kurz«, heißt es darin, »das Urteil schwierig, die Gelegenheit flüchtig. Handeln ist leicht, Denken schwer; nach dem Gedanken handeln unbequem. Aller Anfang ist heiter, die Schwelle ist der Platz der Erwartung.«

Noch einmal überstürzen sich die Ereignisse. Wilhelm und Therese fühlen sich zueinander hingezogen. Kurze Zeit später reist Wilhelm zu Lotharios Schwester Natalie. Er entdeckt, daß sie die »Amazone« seiner Träume ist. Und schließlich taucht der zigeunerhafte Friedrich auf, ein weiterer Bruder der Geschwister. Es kommt zu einem folgenreichen Gespräch aller Freunde vom Turm.

»Sie sind nachdenklich, Jarno«, beginnt Natalie, »ich kann es Ihnen schon einige Zeit abmerken.« – »Sie werden mich nicht lange mehr sehen«, antwortet er, »denn ich bin im Begriff, nach Amerika überzuschiffen.« Und Wilhelm Meister solle auch mit. »Nach Amerika?« entgegnet Wilhelm verdutzt, »ein solches Abenteuer hätte ich nicht von Ihnen erwartet, noch weniger, daß Sie mich zum Gefährten ausersehen würden.«

Jarno weiht ihn nun in die Pläne der Turmgesellschaft ein. Die Loge wolle sich in der Welt ausbreiten, damit, wenn es eine Revolution gebe, nicht mit einem Schlag ihr ganzer Besitz und alles Wissen dahin sei. Wilhelm könne sich aussuchen, wohin er seinerseits gehen möchte: mit ihm nach Amerika, mit dem Abbé, der ihm den Lehrbrief ausgestellt hat, nach Rußland oder ob er lieber mit Lothario in Deutschland bleiben möchte.

Gute Geschichten hören mit allseits befriedigenden Eheschließungen auf. Und so bekommt Wilhelm Meister seine schöne »Amazone« Natalie, Therese ihren Lothario; Friedrich verbindet sich mit Philine, und als man das nächste Mal von ihr hört, ist sie bereits schwanger. Der wortkarge Jarno aber heiratet, für alle unerwartet, Lydie, deren nervöses Wesen die anderen so oft bedrückte. Doch hat er sie schon vor Jahren geliebt, nur war sie ihm damals von Lothario ausgespannt worden.
So gehen sie alle in eine Zukunft, in der sie an sich selbst und für andere arbeiten wollen. Mignon aber und der Harfer, die Boten einer poetischen Vergangenheit, enden tragisch. Das Mädchen hat ihren Wilhelm an eine Welt verloren, die nicht die ihre sein kann. Als sie mit ansehen muß, wie ihm Therese um den Hals fällt, bricht ihr das Herz, und sie stirbt. Der Harfner aber, der fürchtet, er habe in einem Wahnanfall Felix vergiftet, schneidet sich die Kehle auf und verblutet.

Wilhelm Meisters Wanderjahre
oder Die Entsagenden

Der Erzähler dieser Fortsetzung des Meister-Romans ist ganz offenbar ein anderer. Ein eigenwilliger Herausgeber oder Redakteur scheint dieses kraus-geheimnisvolle Bekenntniswerk zusammengestellt zu haben, das aus Briefen von Wilhelm, Natalie und anderen besteht, aus einem Reisetagebuch, Aphorismen und Erzählungen, deren Personal dann unvermutet in der Geschichte von Wilhelm selber auftaucht! Ja, die ganze Bibliothek des Auswandererbundes – wie die Turmgesellschaft jetzt heißt, später werden sich ihre Mitglieder »Die Entsagenden« nennen – scheint dem Unbekannten zur Verfügung gestanden zu haben. Jedes Wort wird durch archivierte Dokumente belegt und scheint authentisch zu sein. Immerhin können wir ihnen nicht nur interessante Lebens- und Erziehungskonzepte entnehmen, sondern einigermaßen auch, wie es weiterging mit unserem Helden, seiner Frau, dem Sohn, mit alten und neuen Freunden.

Eines Tages begegnen wir Wilhelm und seinem Sohn auf einer Wanderschaft durch die Alpen. Die Sonne steht noch hoch und erleuchtet die Gipfel der Fichten in den Felsengründen zu ihren Füßen. Wilhelm muß ein eigenartiges Turmgesetz befolgen: Er darf nirgendwo länger als drei Nächte verweilen. So zieht er umher, sein Denken bleibt beweglich wie sein Aufenthalt, und mit dieser Beweglichkeit mehrt sich sein Wissen.

Im Gebirge trifft er Jarno wieder, den wortkargen Menschenkenner, der sich mittlerweile zu so etwas wie einem Geologen oder Bergfachmann ausgebildet hat. Als Wilhelm auf der Gipfelschroffe für einen Moment vom Schwindel gepackt wird, heißt Jarno ihn niedersitzen. »Es ist nichts natürlicher«, sagt er, »als daß uns vor einem großen Anblick schwindelt, vor dem wir uns unerwartet befinden, um zugleich unsere Kleinheit und unsere Größe zu fühlen. Aber es ist ja überhaupt kein echter Genuß als da, wo man erst schwindeln muß.«

Felix freundet sich mit einem umherstreunenden Jungen namens Fitz an. Auch dieser kennt sich in der Bergwelt bestens aus und führt Vater und Sohn auf einem geheimnisvollen unterirdischen Weg zum Riesenschloß des »Oheims«, eines Großgrundbesitzers. Dieser Mann gehört nicht zur neuen Generation derer, die nach Amerika auswandern, um zu kolonisieren, sondern hat umgekehrt die Besitzungen seines Vaters dort verkauft, weil er seine ökonomischen und ethischen Vorstellungen lieber in Deutschland verwirklichen möchte. Besser so, »als daß ich mich mit den Irokesen herumschlage, um sie zu vertreiben, oder sie durch Kontrakte betriege, um sie zu verdrängen, aus ihren Sümpfen, wo man von Moskitos zu Tode gepeinigt wird«.

Solche Einstellung verrät zwar einen freien Geist, bewahrt aber dennoch nicht vor schadenstiftenden Schrullen. Seiner Meinung nach dürfen zum Beispiel nur ausgebildete Spezialisten an eine Sache heran – was zur Folge hat, daß Wilhelm seinem Felix nicht spontan helfen darf, als dieser vom Pferd gestürzt ist, es muß erst ein Wundarzt geholt werden.

Schlimmer noch hat sich die Härte ausgewirkt, mit welcher er einst einen Bauern entlassen hat, der mit der Pacht im Rückstand war. Dessen Tochter, das »nußbraune Mädchen« Nachodine, hat damals den Sohn des Oheims, Lenardo, angefleht, doch einzuschreiten. Im Begriff, eine Reise anzutreten, konnte er sich nicht mehr selber darum kümmern, und die Sache mißlang. Lenardo ging das alles so nahe, daß er erst wieder nach Hause kommen wollte, wenn Nachodine gefunden und festgestellt war, daß es ihr wohl ergehe. Erst als das der Fall ist, vermag er sich wieder aufs tätige Leben zu konzentrieren und beginnt nun gleichfalls für den Auswandererbund zu arbeiten.

Überhaupt dieser Lenardo: Er ist eine der großen neuen Gestalten in der Fortsetzung von Wilhelm Meisters Lebensgeschichte. Seine Tante behauptet zwar von ihm, daß er nach außen hin ein wenig trocken wirke und auch kein großer Diskutierer sei, »aber er besaß im stillen und geheimen einen wunderbar feinen praktischen Takt des Guten und Bösen«.

Der Oheim hat ihm Land geschenkt, das mittlerweile, weil hier der Bau eines Kanals geplant ist, außerordentlich im Wert gestiegen ist. Weiterer Grund kann hinzugekauft werden, auf dem die unterschiedlichsten Handwerksstätten errichtet werden sollen. Über ein anderes Betätigungsfeld Lenardos heißt es in einem Brief des Abbés an Wilhelm: »Aus den Gebirgen vernimmt man Klagen über Klagen, wie dort Nahrungslosigkeit überhandnehme; auch sollen jene Strecken im Übermaß bevölkert sein. Dort wird er sich umsehen, Menschen und Zustände beurteilen und die wahrhaft Tätigen, sich selbst und andern Nützlichen in unsern Zug mit aufnehmen.« Auch hier engagiert sich Lenardo und sucht – in Übernahme des Fachkraftgedankens seines Onkels? – Spezialisten für den Aussiedlerzug zusammen. Sich selber bildet er zu einem ausgefuchsten Weberei- und Spinnereikenner heran.

Aber Lenardos Tante Makarie hat ihn schon recht eingeschätzt: Gewissenhaftigkeit wird ihm keiner absprechen, sein »praktischer Takt« freilich verliert jede taktische Praxis, wenn es etwa darum geht, um seine geliebte Nachodine zu werben. Und wie umständlich er sie bittet, mit ihm auszuwandern!

Diese Tante, wiewohl alt und körperbehindert, ist vielleicht die geheime Hauptgestalt der Geschichte. Ein Mensch, dessen Geist sich auf eine Weise äußert, »als wenn die Stimme einer unsichtbar gewordenen Ursibylle rein göttliche Worte über die menschlichen Dinge ganz einfach ausspräche«. Sie hat einen weiten Weg gehen müssen, um bei sich selbst anzukommen, denn ihre Gabe, in Kontakt mit den kosmischen Kräften zu treten, setzte ihr anfangs, als sie innere und äußere Wahrnehmung noch nicht in Übereinstimmung zu bringen verstand, sehr zu. Ein befreundeter Astronom »stellte Berechnungen an und folgerte daraus, daß sie nicht sowohl das ganze Sonnensystem in sich trage, sondern daß sie sich vielmehr geistig als ein integrierender Teil darin bewege«.

Der Dienerin Angela hat sie aufgetragen, aus allen Gesprächen ihrer Umgebung die wesentlichen Kernsätze aufzuschreiben. Mit der Zeit ist daraus »Makariens Archiv« entstanden, eine Sammlung von Aphorismen, deren erster gleich schon Wilhelm Meisters ganze Geschichte umreißt: »Die Geheimnisse der Lebenspfade darf und kann man nicht offenbaren; es gibt Steine des Anstoßes, über die ein jeder Wanderer stolpern muß. Der Poet aber deutet auf die Stelle hin.«

Wilhelm mag solche kurzgefaßten Sprüche, besonders wenn sie ihn anregen, »das Entgegengesetzte zu überschauen und in Übereinstimmung zu bringen«. Mit der Zeit beginnen Weisheitsworte und Gespräche mehr und mehr um ein Thema zu kreisen: die Erziehung! Selbstentwicklung ist ja nicht nur das große Lebensthema Wilhelms, er ist auch von lauter kleinen und großen Schulen umgeben. Eine der kleineren: die Kolonie hübscher, landwirtschaftlich tätiger Mädchen auf dem Gut des Oheims. Sie werden dort gründlich ausgebildet, sind »gesehen worden, gewünscht und verlobt; und so warten denn mehrere Familien schon aufmerksam, wenn bei uns wieder Platz wird, um die Ihrigen einzuführen«.

Auf das größte Projekt ist Wilhelm von Lenardo aufmerksam gemacht worden: ein Internat, das »Pädagogische Provinz« heißt. Auch die Auswanderer brauchen Absolventen dieses Instituts, denn, so der Abbé zu Wilhelm: »Wir müssen tun und dürfen ans Bilden nicht denken; aber Gebildete heranzuziehen ist unsre höchste Pflicht.«

Lenardo hat Wilhelm unmißverständlich klargemacht, es sei »ein holder väterlicher Irrtum«, daß er Felix selber ausbilden könne. Weder ist es ihm als Vater gegeben, die Tugenden seines Sohnes objektiv zu erkennen, noch werde er es sich verkneifen können, auf dessen Fehler im Sinne eines Ich-hab's-doch-gleich-gesagt zu reagieren. Dagegen kann das Internat ihn allseitig fördern und ausbilden.

Gleich der erste »Elternabend« gefällt Wilhelm ausnehmend gut. Er freut sich, wie es seinem Sohn ergeht, und auch der weitere Fortgang »mußte seinen ganzen Beifall gewinnen«. Man stellt ihm die Fächer Kunst, Musik, Religion und Sprachen vor und erklärt, wie sie behandelt werden. Einzig die Auseinandersetzung mit der dramatischen Dichtung vermißt der einst so Theaterbegeisterte. Da bekommt er aber vom Direktor was zu hören! »Verhehlen dürfen wir nicht auf diese Anfragen, daß in unserer ganzen Provinz dergleichen nicht anzutreffen sei: denn das Drama setzt eine müßige Menge, vielleicht gar einen Pöbel voraus, dergleichen sich bei uns nicht findet; denn solches Gelichter wird, wenn es nicht selbst sich unwillig entfernt, über die Grenze gebracht.« Auf Wilhelms Einwand, daß doch die Meinung dahin gehe, »diese weit um sich greifende Kunst befördere die übrigen sämtlich«, wird ihm die harsche Antwort, daß dem keineswegs so sei, »sie bedient sich der übrigen, aber verdirbt sie«.

In diesem Punkt muß sich weder Wilhelm der Meinung des Direktors anschließen, noch müssen wir derjenigen Wilhelms folgen. Der unbekannte Herausgeber des Konvoluts stellt oft unversöhnliche Ansichten dergestalt nebeneinander, daß man sich aufgefordert findet, selbst und frei zu entscheiden.

So wie Lenardo Wilhelm auf die »Pädagogische Provinz« hingewiesen hat, wird er von diesem mit dem Auswandererbund bekannt gemacht. Zugleich festigt sich in Meister der Entschluß, Wundarzt zu werden. Immer wieder muß er an den Reitunfall seines Sohnes denken, erinnert er sich an den Tod eines Fischerjungen in seiner Kindheit und hat auch die Hilfe nicht vergessen, welche ihm die schöne Amazone nach dem Überfall der Räuber zuteil werden ließ. Schließlich bittet er den Auswandererbund, ihn von der Dreitageregel zu entbinden und studieren zu lassen.

Lenardo und Wilhelm sind in der Berufsausbildung. Felix geht zur Schule. Natalies Bruder Friedrich entwickelt sich zum Chronisten des Auswandererbundes. So vergehen einige Jahre wie im Fluge. Auch der wortkarge Jarno ist wieder da. Sein Name sei jetzt Montan, sagt er zu Wilhelm, und »du findest mich hier in Berg und Kluft eingeweiht und glücklicher in dieser Beschränkung unter und über der Erde, als sich denken läßt«. – »Da wirst du also [...] als ein Hocherfahrner nunmehr freigebiger sein mit Aufklärung und Unterricht, als du es gegen mich warst auf jenen Berg- und Felsklippen.« – »Keineswegs!« erwidert Montan, »die Gebirge sind stumme Meister und machen schweigsame Schüler.«

Einst hat er Wilhelm mit wenigen Worten die Schauspielerei ausgeredet. Als sich dieser später mit dem Gedanken trägt, Arzt zu werden, brauchte er nur wenige Argumente, um ihn in diesem Berufswunsch endgültig zu bestärken. Auch Montan ist ein Mann der Tat und weiß: »Seelenleiden, in die wir durch Unglück oder eigene Fehler geraten, sie zu heilen vermag der Verstand nichts, die Vernunft wenig, die Zeit viel, entschlossene Tätigkeit hingegen alles.«

Langsam beginnt sich die Turmgesellschaft von ehedem

aufzulösen, um sich in der Neuen Welt neu zusammenzufinden. Lothario und Therese gehören zu den ersten Reisenden, Natalie folgt ihrem Bruder Lenardo und erwartet die baldige Nachfolge Wilhelms. Auch der Abbé ist bei den ersten, die die Alte Welt verlassen.

Felix ist herangewachsen und begehrt Hersilie (die wiederum den verheirateten Wilhelm liebt und ihn sich wenigstens als Brieffreund erhalten möchte). »Fürwahr«, schreibt sie ihm, »es gibt eine geheimnisvolle Neigung jüngerer Männer zu älteren Frauen. Sonst, da es mich nicht selbst betraf, lachte ich darüber und wollte boshafterweise gefunden haben: es sei eine Erinnerung an die Ammen- und Säuglingszärtlichkeit, von der sie sich kaum losgerissen haben. Jetzt ärgert's mich, mir die Sache so zu denken; ich erniedrige den guten Felix zur Kindheit herab, und mich sehe ich doch auch nicht in einer vorteilhaften Stellung.«

Die Sache spitzt sich zu, als Felix sie besucht und voller Überschwang umarmt. In ihrer Verwirrung stößt sie ihn heftig zurück. »Gut!« sagt er, »so reit ich in die Welt, bis ich umkomme.« Wirft sich auf sein Pferd und ist schon davon, keiner weiß, wohin.

Die Mittagssonne brennt heiß, als der Kahn der Auswanderer den Fluß hinabgleitet. Die wirbelnden Wasser haben die Kornfelder an den Ufern so tief unterspült, daß die Ähren hoch über den Vorüberfahrenden stehen. Da sprengt ein Reiter heran, gut gebaut, von kräftiger Gestalt. Der überhängende Rasen bricht unter dem Pferd ab, Mann und Roß versinken im gurgelnden Wasser. Es gelingt den Auswanderern, den Körper des jungen Mannes zu bergen und ans Ufer zu legen. Wilhelm öffnet ihm mit der Lanzette die Ader am Arm, Blut sprudelt reichlich hervor. »Das Leben kehrte wieder; kaum hatte der liebevolle Wundarzt nur Zeit, die Binde zu befestigen, als der Jüngling sich schon mutvoll auf seine Füße stellte, Wilhelmen scharf ansah und rief: ›Wenn ich leben soll, so sei es mit dir!‹« Unter Tränen fiel er seinem Retter um den Hals und weinte bitterlich.

Der Sohn war vom Vater errettet worden.

Die Wahlverwandtschaften

Eduard und Charlotte, seit einem Jahr verheiratet, leben auf einem weitläufigen Gut. Daß sie viel zu tun haben, kann man nicht sagen. Also widmen sie sich ihrer Liebhaberei, Garten und Park auszubauen und umzugestalten. Eduard möchte dabei die Fähigkeiten seines Jugendfreundes Otto nutzen und ruft ihn zu sich. Dieser ist ein adliger Hauptmann »außer Tätigkeit« und will auch nicht irgendwas in Angriff nehmen, was etwa unter seinem Stande ist. Da hat man's freilich immer schwer.

Charlotte nimmt die 17jährige empfindsame Ottilie aus dem Pensionat, in dem die Waise derzeit lebt. Obwohl das Mädchen sehr ernsthaft und weit über ihre Jahre hinaus intelligent ist, hat sie bei der Abschlußprüfung versagt. Sie ißt sehr wenig, scheint keine Bedürfnisse zu haben, die mit Geld zu befriedigen wären, und starke Emotionen sind ihr offenbar unbekannt. Über die Robustheit, sich im Pensionat der üblichen Neckereien zu erwehren, verfügt sie nicht. Schnell zeigt sich, daß ihr das Häusliche mehr liegt als ein Lernen, das nicht direkt fürs Leben ist. Natürlich freut sich Ottilie, daß ihre Tante sie zu sich geholt und sie hier ein angenehmeres Umfeld hat.

Eines Abends unterhalten sich die drei Älteren anläßlich der Lektüre eines neuen naturwissenschaftlichen Buches über den chemischen Ausdruck »Wahlverwandtschaften«. Der Hauptmann erläutert den Sachverhalt am Beispiel von Gips: Kalkstein ist die Verbindung einer Säure mit Kalkerde. Bringt man nun die Kalkerde in verdünnte Schwefelsäure, dann verbindet sie sich mit ihr zu Gips, und die vorherige Säure entweicht. »Der Gips hat gut reden«, sagt Charlotte, »der ist nun fertig, ist ein Körper, ist versorgt, anstatt daß jenes ausgetriebene Wesen noch manche Not haben kann, bis es wieder unterkommt.«

Eduard macht sich den Spaß, diese Gleichnisrede konkret auf die häuslichen Verhältnisse anzuwenden: »Du stellst das A vor, Charlotte, und ich dein B; denn eigentlich hänge ich doch nur von dir ab und folge dir wie dem A das B. Das C ist ganz deutlich der Kapitän, der mich für diesmal dir einigermaßen entzieht. Nun ist es billig, daß, wenn du nicht ins Unbestimmte entweichen sollst, dir für ein D gesorgt werde, und das ist ganz ohne Frage das liebenswürdige Dämchen Ottilie, gegen deren Annäherung du dich nicht länger verteidigen darfst.«

Aber so lehrbuchhaft harmlos wird es dann nicht kommen, denn Eduard entbrennt in Leidenschaft zu Ottilie. Sie liebt ihn auch, merkt das aber zu Anfang nicht recht, weil sie mit der Liebe noch keine Erfahrung hat. Aber wenn sie mit Eduard Klavier zu vier Händen spielt, macht sie unbewußt dieselben Fehler wie er. Einmal schreibt sie einen Text für ihn ab. Dabei wandelt sich ihre Schrift allmählich in die seine. Als Eduard schließlich stürmisch um sie wirbt, werden ihr die eigenen Gefühle bewußter, und sie »findet sich in einem Himmel auf Erden«. Auch Charlotte bleibt nicht »jenes ausgetriebene Wesen«, sondern findet sich von Eduards Freund bald ebenso angezogen wie dieser von ihr. Ganz offensichtlich hat in dieser Ehe schon vorher die Chemie nicht mehr gestimmt.

Dann kommt eine Nacht, in der die Gatten miteinander schlafen, aber: »Eduard hielt nur Ottilien in seinen Armen, Charlotten schwebte der Hauptmann näher oder ferner vor der Seele, und so verwebten, wundersam genug, sich Abwesendes und Gegenwärtiges reizend und wonnevoll durcheinander.«

Ottilie führt übrigens ein Tagebuch, und darin werden die Alltagserlebnisse nicht einfach aufgezeichnet, sondern in bemerkenswerte Ansichten und Aphorismen verwandelt. »Es könnte wohl sein«, notiert sie, »daß das innere Leben einmal aus uns herausträte, so daß wir keines andern mehr bedürfen.« Oder: »Gegen große Vorzüge eines andern gibt es kein Rettungsmittel als die Liebe.« Unschwer läßt sich daraus die Entwicklung ihrer Gefühle ablesen.

Auf einer Anhöhe mit herrlicher Aussicht wird ein zweites Haus gebaut, und das Richtfest soll gebührend begangen werden. Für Eduard verbindet sich das Ereignis mit der zeitgleichen Feier von Ottilies Geburtstag. Doch der Abend verläuft dann ganz anders als geplant. Kurz zuvor waren drei Teiche zu einem See vereinigt worden. Der Hauptmann hatte Eduard auf die unsichere Uferbefestigung hingewiesen, allerdings folgenlos. Während der Festlichkeiten gibt das Erdreich plötzlich nach, ein Junge droht zu ertrinken und wird vom Hauptmann mit knapper Not gerettet. Noch in derselben Nacht entsagt er seiner Liebe und ist am anderen Morgen fort.

Ein Gespräch zwischen den Ehegatten zeigt, daß Charlotte längst über die Beziehung zwischen ihrem Mann und Ottilie Bescheid weiß. Sie dringt auf Ottilies Entfernung, aber Eduard kommt dem zuvor, indem auch er den Ort verläßt. In einem Abschiedsbrief bittet er Charlotte, sein Haus zu hüten. »Du sollst es indessen besitzen, aber mit Ottilien. Bei dir will ich sie wissen, nicht unter fremden Menschen.« Kurze Zeit später nimmt er an einem Feldzug teil, von dem sicher zu sein scheint, daß er ihm den Tod bringen wird. Kaum ist er fort, merkt Charlotte, daß sie von ihm schwanger ist. Nun zieht sich Ottilie ganz in sich zurück. »Sie hatte nichts weiter zu sagen. Hoffen konnte sie nicht, und wünschen durfte sie nicht.«

Ein junger und tatkräftiger Architekt tritt auf. Gegen einen schützenden Mann im Hause ist nichts zu sagen.

Auch setzt er des Hauptmanns Arbeit auf dem Gelände fort und nimmt sich einer gründlichen Restaurierung der verfallenden Kapelle an, die er mit christlichen und mythologischen Motiven ausschmückt. Ottilie hilft ihm gern dabei. Aber merkwürdig: Die Gesichter der Heiligen ähneln im Fortschreiten der Arbeit immer deutlicher den Zügen des Mädchens. Ganz offensichtlich hat sich auch der Architekt in sie verliebt.

Dann kehrt Luciane, Charlottes Tochter aus erster Ehe, heim, um die Ferien bei der Mutter zu verbringen. Sie ist ein wahrer Wirbelwind und das ganze Gegenteil der sanften Ottilie. Gesellschaftliches Leben bricht über die stille Leidensidylle herein. Luciane muß immerzu etwas tun. Dazu gehört auch tätige, ja, man möchte sagen: tätliche Hilfe. In den zwei Monaten ihrer Anwesenheit bewirkt sie manches Gute, trägt aber auch Schuld am Fortschreiten der seelischen Erkrankung eines übersensiblen Mädchens.

Als Charlottes Kind geboren wird, offenbart sich Unglaubliches: Daß beide Partner im entscheidenden Moment an jene dachten, denen ihre Leidenschaft eigentlich gilt, manifestiert sich darin, daß das Kind Ottos Gesicht und die Augen Ottilies hat. Ein doppelter Ehebruch unter Freunden mag vorkommen, solche Folgen aber sind neu. Und das Wahlverwandtschaftliche wird noch verstärkt, denn das Kind soll Otto heißen. Das ist nicht nur der Name des Freundes, sondern auch der zweite Name des Vaters – und Charlotte und Ottilie stecken auch noch drin. Freilich lassen sich die gemeinsamen Buchstaben OTT auch anagrammatisch lesen, dann kommt TOT heraus – und der wird später gleich dreifach in Erscheinung treten.

Kurz nach Weihnachten nimmt der Architekt seinen Abschied. Das Werk ist vollendet und überdies ein Gehilfe zu Besuch gekommen, der ihm – zumindest fürchtet er das – Ottilie vor der Nase wegschnappen könnte. Eduard kehrt wohlbehalten aus dem Krieg zurück. Der ehedem weiche und entscheidungsschwache Mann scheint sich bewährt zu haben, hat Orden bekommen und sich ein entschiedeneres Auftreten angewöhnt. Er ruft seinen alten Freund, den Hauptmann, wieder zu sich, der mittlerweile Major geworden ist, und gesteht ihm seine ungebrochene Leidenschaft für Ottilie. Es macht ihm nichts aus, daß dieser sich seiner Frau zuwendet, wenn er nur das Mädchen heiraten kann. Eduard geht davon aus, daß es eigentlich allen gutgehen muß, wenn nur jeder einwilligt.

Am Bergsee trifft er die Geliebte wieder, die gerade sein Kind hütet. Leidenschaftlich – und im übrigen zum erstenmal – küssen sie sich und sind überglücklich, einander wiederzuhaben. Ottilie drängt ihn schließlich, in das Gasthaus zurückzugehen, in dem er vorerst noch wohnt, weiß sie doch, wie ungeduldig Charlotte immer auf das Kind wartet. Verspätet macht sie sich auf den Heimweg. Um die weite Strecke abzukürzen, will sie mit einem Kahn über den See rudern. Das Boot kentert, und das Kind ertrinkt.

Wenn ein Mann verliebt ist, kann seine Torheit zu verletzender Roheit werden. Als Eduard erfährt, daß sein Sohn tot ist, sieht er in dem Unglück ein Geschehen, »wodurch jedes Hindernis an seinem Glück auf einmal beseitigt wäre«. Da ist Ottilie anders. Nach dem Tod des Kindes fühlt sie sich doppelt schuldig und entsagt der Liebe zu Eduard, der immer noch um sie wirbt.

Manchmal freilich drängt sich einem der Eindruck auf, daß sie mehr noch als in Eduard in ihre Schmerzen verliebt ist. Charlotte willigt nämlich in die Scheidung ein, und der Major macht sich wieder Hoffnung auf sie. Als Ottilie durch eine Andeutung Charlottes von deren Absichten erfährt, ist sie entsetzt: »In dem Augenblick, in dem ich erfahre, du habest in die Scheidung gewilligt, büße ich in demselbigen See mein Vergehen, mein Verbrechen.«

Am Vorabend von Eduards Geburtstag kommt Mittler vorbei, ein ehemaliger Geistlicher, dem jede zerbrochene

Ehe reparabel erscheint, und in der Tat hat es in der ganzen Region schon lange keine Scheidung mehr gegeben. Eduard hat ihn rufen lassen, damit er ihm und seiner Frau rate. Mittler aber, der sich eher für Heilung als für Vorsorge interessiert, empfindet die Nöte des Paares nicht wirklich als Problem: »Glaubt ihr, daß ich in der Welt bin, um Rat zu geben? Das ist das dümmste Handwerk, das einer treiben kann. Rate sich jeder selbst und tue, was er nicht lassen kann.«

Seine Rede ist zwar meistens überzeugend, aber von alttestamentarischer Grobheit und in diesem Fall von Unheil. Als er wieder einmal mit Charlotte und dem Major zusammensitzt, breitet er sich natürlich auch über sein Lieblingsthema »Du sollst nicht ehebrechen« aus. Da tritt Ottilie herein und bezieht alles, was sie hört, wie ein furchtbares Donnerwort auf sich selbst. Sie flieht auf ihr Zimmer, sitzt stumm und im Innersten getroffen in der Sofaecke und stirbt kurze Zeit darauf. Eduard bricht zusammen und möchte am liebsten, daß der Leichnam für immer im Schloß bleibe. Endlich kann man ihn dazu bewegen, sie in der neuen Kapelle aufzubahren, wobei er auf einem gläsernen Sargdeckel besteht. Ottilie ruht nun unter den Heiligenbildern, die ihr Gesicht tragen. Und weil sie nach ihrem Tod ein Wunder bewirkt – eine Dienerin stürzt aus dem Fenster, die Berührung mit der Verstorbenen läßt sie überleben –, wird die Kapelle alsbald zum Wallfahrtsort.

Eduards Egoismus war echt, seine Halbheiten auch, und der Schmerz, der ihn jetzt erfüllt, ist es nicht weniger. Als Ottilie im Sterben lag, waren ihre letzten Worte: »Versprich mir zu leben!« Doch bringt er kaum mehr einen Bissen herunter und stirbt bald darauf. Charlotte läßt ihn neben Ottilie beisetzen und ordnet an, daß künftig niemand mehr in diesem Gewölbe bestattet werden dürfe. Jetzt erst sind die beiden vereint.

Unterhaltungen deutscher Ausgewanderten

Als der erste Koalitionskrieg gegen die französischen Revolutionäre im Frühsommer 1793 die Fronten ständig verschob, retteten sich viele Adlige von der linken auf die rechte Rheinseite. Dort waren sie vorerst in Sicherheit, doch ihrer Heimat immer noch so nahe, daß sie bei entsprechendem Wind den Kanonendonner hören konnten.

Zu den Flüchtlingen gehörte die Baronesse von C., eine Witwe mittleren Alters, die nun mit ihren Kindern Karl und Luise, mit Bruder Fritz und Vetter Karl sowie dem Hausgeistlichen auf einem ihrer hiesigen Güter lebte. Die Gesellschaft hätte heiter und entspannt sein können, wäre nicht der große Krieg auch im kleinen ausgetragen worden und die Meinungen schon öfter aufeinandergeprallt.

Der Baronesse war an dem Frieden der kleinen Gemeinschaft sehr gelegen, und so gefiel ihr der Einfall des Geistlichen ausnehmend gut, einander jeden Abend eine Geschichte zu erzählen. Der Inhalt sollte ferngerückt und die Aussage allgemeingültig sein. Auf diese Weise, so hoffte sie, würden die tagespolitischen Auseinandersetzungen allmählich ganz von selbst in den Hintergrund treten. Gleich nach dem Abendessen ging der Urheber des Vorschlags mit gutem Beispiel voran und erzählte

Die Geschichte von der Sängerin Antonelli

Vor vielen Jahren spielte diese Dame nicht nur auf der Bühne Neapels eine herausragende Rolle, sondern auch im gesellschaftlichen Leben. Zu dem Kreis ihrer Verehrer gehörten nur die achtbarsten Männer, und bei der Wahl ihrer Liebhaber ließ sie äußerste Vorsicht walten. Was ihr freilich fehlte, war ein uneigennütziger und kluger Freund, der ihr in kritischen Zeiten helfend zur Seite stand und der deshalb keinesfalls ihr Geliebter sein durfte.

Ihre Wahl fiel auf einen jungen Genueser, der weltkundig genug war, um ihr aus aktuell mißlicher Lage helfen zu können. Tatsächlich hielt er, was sie sich von ihm versprochen hatte, und erwies sich bald als ein dauerhaft guter Freund, obgleich ihm die Antonelli von Anfang an gesagt hatte, warum sie mehr als Freundschaft nicht wünsche. Dafür nahm sie regen Anteil auch an seinem Leben und Treiben, so daß sich eine wechselseitig angenehme Beziehung entwickelte.

Es kam dann freilich, wie es kommen mußte. Als das Herz der Sängerin wieder einmal frei war, wollte der junge Mann nur zu gern ihr Liebhaber sein, und die Freundin erhörte ihn schließlich nach längerem Zögern. Binnen kurzem schon begann sich sein Verhalten zu ändern. Er forderte jetzt als Freund ihre ganze Achtung, als Liebhaber ihre alleinige Neigung und als geistig reger Mensch fortwährende Unterhaltung. Bald wurde er der Sängerin lästiger als lieb, und sie gab ihm, zunächst auf zarte Weise, zu verstehen, daß sie nicht daran denke, ihre Freiheit aufzugeben.

Als er endlich begriff, wie sehr er sie schon verloren hatte, litt er die größten Schmerzen. Sein Unglück wurde zudem durch den Umstand vermehrt, daß er Prozesse zu führen hatte, die schleppend verliefen und kostspielig waren. Er mußte sich nach Palermo begeben, um seine Angelegenheiten voranzutreiben; nach seiner Rückkehr war die Sängerin umgezogen, und der Marchese von S. hatte seine Stelle eingenommen. Daraufhin erkrankte er schwer. Die einstige Geliebte setzte sich halbe Tage lang an sein Bett, half auch mit einer größeren Summe aus. Diesen Freundschaftsdienst mißverstand er allerdings gründlich und hielt ihn für neuerwachte Leidenschaft. Abermals mußte ihm die Antonelli wehren, bis er endgültig einsah, wie die Dinge standen. Er fühlte sich wie vernichtet und verließ die Stadt, kaum daß er genesen war, für immer. Die schöne Sängerin sah er niemals wieder.

Seine Prozesse gewann der junge Mann übrigens und besaß schon bald wieder Geld zur Genüge. Der Liebesschmerz aber hatte seiner Gesundheit derart zugesetzt, daß er abermals krank wurde und das Bett schon bald nicht mehr verlassen konnte. Wiederholt schrieb er seiner ehemaligen Geliebten und flehte sie an, ihn noch ein einziges Mal zu besuchen. Doch eingedenk der schlechten Erfahrung widerstand sie.

Eines Nachts – es hatte eben zwölf Uhr geschlagen, und die Sängerin saß noch in geselliger Runde bei sich zu Hause – ertönte ein durchdringender Schrei, der alle zusammenfahren ließ. Es war, wie sich später herausstellte, die Todesstunde des jungen Mannes. Von nun an mußte die Sängerin immer wieder diese Schreie ertragen. Schließlich sprach ganz Neapel von dem seltsamen Phänomen, das später von gespenstischen Schüssen abgelöst wurde, die nirgendwo Löcher hinterließen, und einmal, als die Antonelli mit einem neuen Liebhaber ans Fenster getreten war, setzte es für beide schallende Ohrfeigen. Nach etwa anderthalb Jahren wandelten sich die lärmenden Äußerungen in angenehm melodische Töne, wurden allmählich leiser und hörten endlich ganz auf.

Der Erzähler hatte sich zur Zeit der Vorfälle selber in Neapel aufgehalten, und was er nicht aus eigenem Erleben wußte, war ihm von einer Bekannten glaubhaft bestätigt worden. Auch sei jedem in der Stadt bekannt gewesen, wie sehr der junge Mann die Sängerin geliebt habe. Seine letzten Worte jedoch seien gewesen: »Nein, es soll ihr nichts helfen! Sie vermeidet mich; aber auch nach meinem Tode soll sie keine Ruhe vor mir haben.«

Fritz, der Bruder der Baronin, tat gelassen und meinte, das sei alles ganz natürlich zu erklären. Aber als man ihn aufforderte, es zu tun, rettete er sich in eine eigene Geschichte, die sich im Schloß eines ihm befreundeten Edelmannes begeben habe und gleichfalls nie recht aufgeklärt worden sei:

Die Geschichte von dem rätselhaften Pochen

In der Familie des Edelmanns war eine Waise aufgezogen worden, ein hübsches und freundliches Mädchen, das der Dame des Hauses in allen Dingen zur Hand ging. Jedermann mochte sie und wünschte für ihre Zukunft nur das Beste. Eines Tages begann ihr, wohin sie sich im Hause auch begab, ein Pochen unter dem Boden zu folgen. Stand sie still, so hörte es auf, ging sie weiter, klopfte es wieder. Was immer die Ursache für dieses Geräusch sein mochte – im Zimmer der Herrin war es jedenfalls nicht zu vernehmen, weshalb das arme Ding kaum mehr wagte, von dort wegzugehen.

Der Edelmann wollte der Sache auf den Grund gehen, stellte fest, daß die Schläge besonders laut waren, wenn das Mädchen quer durch den großen Saal ging, und ließ dort die Dielen aufreißen. Nichts. Ein paar Ratten flüchteten, das war alles. Fassungslos schwor er, das Mädchen totzuprügeln, wenn die Klopfgeräusche noch ein einziges Mal zu hören seien. Und von diesem Moment an war Ruhe.

»Woraus man denn deutlich sieht«, warf die Tochter der Baronesse ein, »daß das schöne Kind sein eignes Gespenst war und aus irgendeiner Ursache sich diesen Spaß gemacht und seine Herrschaft zum besten gehabt hatte.«

»Keinesweges«, versetzte Fritz, es habe ernstzunehmende Leute gegeben, die glaubten, »ein Schutzgeist wolle zwar das Mädchen aus dem Hause haben, aber ihr doch kein Leids zufügen lassen«.

Man betrachtete den Fall von allen Seiten, kam aber zu keinem Schluß. Da knallte es plötzlich in einer Ecke des Zimmers so laut, daß alle erschrocken zusammenfuhren. »Es wird sich doch kein sterbender Liebhaber hören lassen?« scherzte Karl, wünschte indessen sogleich, geschwiegen zu haben, denn seine Schwester Luise wurde totenbleich, stand doch ihr Verlobter im Feld gegen die Franzosen. Fritz machte die Ursache des Knalls schnell ausfindig: Die stets unter Spannung stehende Platte eines wertvollen Tisches war geplatzt. Aber warum? Weder Druck noch Feuchtigkeit der Luft hatten sich nennenswert verändert.

Der nächste Schrecken ließ nicht lange auf sich warten. Das abendlich dunkle Firmament wurde rot vom Widerschein eines starken Feuers. Ortskundige konnten unschwer erraten, daß es auf dem Gutshof der Baronesse brannte. Friedrich ritt in Eile hinüber, um die Löscharbeiten zu leiten, und weil von hier aus nicht mehr getan werden konnte, begab man sich wieder ins Haus.

Die Tischplatte mußte etwa zu dem Zeitpunkt gerissen sein, als drüben das Feuer ausgebrochen war, und man erinnerte sich, daß der Meister seinerzeit aus einem Holz zwei Tische gefertigt hatte, von denen einer hier, der andere drüben auf dem Gut stand. Der Gedanke wurde erwogen, ob nicht dieser gerissen war, weil jener verbrannte – und am Ende Mitleid und Verbundenheit auch in den Dingen wirkten. So hatte die Wirklichkeit an diesem Abend gleich noch eine unerklärbare Geschichte beigesteuert, und nicht weniger geheimnisvoll versprach diejenige zu werden, die Karl jetzt ankündigte:

Die Geschichte des Marschalls von Bassompierre

Als dieser berühmte Herr wieder einmal in Paris war, fiel ihm ein Laden am Seine-Ufer auf, an dessen Fenster die Krämerin – eine auffallend schöne, etwa zwanzigjährige Frau – stand und ihm zulächelte. Als er sich im Weitergehen umdrehte, sah er, daß sie sich weit hinausgelehnt hatte, um ihm länger nachschauen zu können. Bassompierre wollte sie kennenlernen, schickte einen Diener zu ihr, und wirklich war sie zu einem Treffen bereit.

Der Marschall war entzückt über die Aussicht auf dieses unverhoffte Liebesabenteuer, und sein Bedienter empfahl ihm ein Haus, das Begegnungen solcher Art diskret ermöglichte. Er schaffte auch gleich frische Matratzen, Decken und Leinentücher dorthin, denn es ging in Paris gerade wieder einmal die Pest um. Als Bassompierre am Abend auf das Zimmer kam, fand er die Frau schon im Negligé vor. Seine Liebkosungen lehnte sie zunächst ab, verlangte aber, mit ihm unter *einer* Decke zu liegen. Was sich alsdann begab, erfüllte ihn mit solchem Entzücken, daß er sich nicht entsinnen konnte, jemals Vergleichbares erlebt zu haben.

Man wollte das schöne Erlebnis noch einmal genießen. Zwar hätte der Marschall in der einzig möglichen Nacht schon längst fort sein müssen, aber dann verlängerte er seinen Aufenthalt, hatte diese Frau doch einen allzu nachhaltigen Eindruck auf ihn gemacht. Auch klangen ihm noch ihre letzten Worte in den Ohren: »Möge ich eines elenden Todes sterben, wenn ich außer meinem Mann und Euch irgend jemand zu Willen gewesen bin und nach irgendeinem andern verlange!«

Dorthin freilich, wo sie die letzte Nacht zugebracht hatten, wollte sie nicht mehr zurück. Statt dessen schlug sie das Haus der Tante vor. »Ich will Euch von zehn Uhr bis Mitternacht erwarten, ja noch später, die Türe soll offen sein. Erst findet Ihr einen kleinen Gang, in dem haltet Euch nicht auf, denn die Türe meiner Tante geht da heraus. Dann stößt Euch eine Treppe sogleich entgegen, die Euch ins erste Geschoß führt, wo ich Euch mit offnen Armen empfangen werde.«

Aber weder empfing sie ihn an jenem Abend auf die beschriebene Weise, noch war das Haus dunkel, sondern vielmehr hell erleuchtet, und viele Menschen erfüllten die Räume. Bassompierre stand vor einem Rätsel. Nachdem er eine Weile auf der Straße gewartet hatte, schlich er sich vorsichtig durch die offene Tür hinein. »Aber wie erstaunt war ich, als ich in dem Zimmer ein paar Leute fand, welche Bettstroh verbrannten, und bei der Flamme, die das ganze Zimmer erleuchtete, zwei nackte Körper auf dem Tische ausgestreckt sah.« Die Pest hatte auch dieses Haus nicht verschont, und der Marschall stürzte hinaus und heim, wo er sogleich mehrere Gläser Wein trank, was als ein probates Mittel gegen die tödliche Krankheit galt.

Als Bassompierre das nächste Mal in Paris war und wieder am Laden der Krämerin vorbeikam, hatten sich dort längst neue Kaufleute eingemietet. Von ihrer Vorgängerin wußten sie nichts.

»Auch dieses Rätsel«, setzte Fritz hinzu, »ist so leicht nicht zu lösen. Denn es bleibt zweifelhaft, ob das artige Weibchen in dem Hause mit an der Pest gestorben oder ob sie es nur dieses Umstands wegen vermieden habe.« – »Ich fürchte immer, sie hat mit auf dem Tische gelegen«, meinte Karl, und weil er merkte, wie diese Geschichte seiner Schwester zusetzte, schloß er gleich eine weitere an, die Bassompierre von einem seiner Vorfahren erzählt hatte und die weniger beunruhigend sei. Eine Anekdote eigentlich nur, aber die Nacht war ja auch schon weit vorgeschritten.

Bassompierres Geschichte vom Schleier

Besagter Ahnherr war schon so manches Jahr verheiratet, als er sich eine Geliebte nahm und jeden Montag die Nacht mit ihr in seinem Sommerhaus verbrachte. Die Familie ließ er im Glauben, auf der Jagd zu sein. Nach zwei Jahren schöpfte seine Gemahlin Verdacht, schlich sich eines Morgens dorthin, wo sie ihren Gemahl vermutete, und fand das Paar in tiefem Schlaf. Sie hatte weder Mut noch Willen, die beiden aufzuwecken, und legte zum Zeichen, daß sie hier gewesen, ihren Schleier über die Füße der Schlafenden.

Als die Geliebte aufwachte und sich entdeckt fand, begann sie zu weinen, denn nun könne sie sich dem Manne niemals mehr nähern. Zum Abschied schenkte sie ihm ein Kästchen, einen Ring und einen fein gearbeiteten Meßbecher für seine Töchter. Diese Gaben wurden sorgfältig aufgehoben, und es schien, als übertrage sich das Glück, das der Ahnherr mit der Schönen genossen hatte, auf die Besitzerinnen der Kleinodien, ihre Kinder und Kindeskinder.

Den Zuhörern kam die Geschichte eher wie ein Märchen vor, in dem ja auch seltsame Zwänge und Geschenke vorkommen. Da warf Friedrich leise ein, auch in seiner Familie lebe eine solche Tradition. An den jeweils ältesten Sohn werde ein Talisman weitervererbt, was freilich ein Geheimnis bleiben müsse. Hoffentlich habe er jetzt nicht schon zuviel verraten. Und noch bevor jemand nachfragen konnte, hatte er sich aus der Runde entfernt. Die anderen taten's ihm nach, und bald war jedermann zu Bett.

Am nächsten Morgen erbot sich wiederum der geistliche Freund, etwas zu erzählen. Es war

Romane und Erzählungen

Die Geschichte vom ehrlichen Prokurator

In einer italienischen Hafenstadt lebte vorzeiten ein Kaufmann, der sich großen Reichtum erworben hatte. Als er wieder einmal von Handelsreisen heimgekehrt war, beging man gerade den Feiertag der Kinder. Als er sah, wie die festlich gekleideten Jungen und Mädchen die Kirche betraten und wie stolz ihre Eltern auf sie waren, fiel es ihm bitter ins Gemüt, daß er bei allem Gelderwerb versäumt hatte, eine Familie zu gründen. »O ich Unglückseliger«, klagte er sich an, »warum gehn mir so spät die Augen auf? Warum erkenne ich erst im Alter jene Güter, die allein den Menschen glücklich machen?« Und er begab sich auf Brautschau.

Trotz seiner fünfzig Jahre fiel es ihm nicht schwer, die schönste Frau der Stadt zu erringen. Zwar war sie erst sechzehn, doch liebte und verehrte sie ihren Mann rückhaltlos. Die Ehe ließ sich gut an, und der Kaufmann genoß erst jetzt seine Reichtümer wirklich, da er sie mit der Gemahlin teilen konnte. Nach einer Weile aber begann er die Reisen und seine Geschäfte derart zu vermissen, daß er krank wurde.

Da entschloß er sich, noch einmal auf Fahrt zu gehen. Sorge bereitete ihm allerdings die Jugend und Lebenslust seiner Frau. Würde sie nicht schwach werden und ihr Herz, das jetzt nur für ihn schlug, mit der Zeit einem anderen zuwenden? Womöglich einem jener seidenen Herrlein, die schon jetzt unter ihrem Fenster herumstrichen und nur allzugern ein Abenteuer mit ihr gehabt hätten?

Also führte er ein langes Gespräch mit ihr und gab zu bedenken, wie machtvoll sich die Stimme der Natur melden könne. Wenn es aber soweit sei, dann möchte sie nach einem echten Freund Ausschau halten, einem, der auch von seinem Glück zu schweigen verstehe. Die Gemahlin konnte sich solchen Wandel ihrer Liebe nicht vorstellen und nahm, als die Stunde da war, weinend Abschied. Nach Monaten aber geschah, was der verständige Kaufmann vorausgesehen hatte, und sie wäre gern einem jungen Mann mit den beschriebenen Eigenschaften begegnet.

Indessen fand sie unter den flatterhaften Gecken keinen solchen und begann schon bald zu ahnen, wie klug der Ratschlag ihres Mannes gewesen war – für sie, aber auch für ihn! Da kehrte ein junger Rechtsgelehrter aus Bologna in seine Vaterstadt zurück und eröffnete als Prokurator eine Anwaltskanzlei. Der schien nun wirklich der Richtige zu sein, denn er besaß nicht nur ein angenehmes Äußeres, sondern auch eine schöne Ernsthaftigkeit.

Nachdem die Frau eine Weile mit sich gekämpft hatte, lud sie ihn zu sich ein, um, wie sie sagte, ein Geschäft mit ihm zu besprechen. Das war nun freilich ein sonderbarer Handel, von dem der Mann da hörte, doch klang er ihm recht angenehm in den Ohren. Er fühlte sich zu der jungen Frau hingezogen und versprach ihr, zärtlich, treu und verschwiegen zu sein. Juristisch betrachtet, fand er im übrigen, der Kaufmann habe eine Art mündliche Abtrittserklärung getan, weshalb niemandem Unrecht geschehe.

Bliebe nur ein einziger Punkt: In Bologna hatte der Prokurator eine Weile auf den Tod gelegen und darum der heiligen Maria das Gelübde getan, er wolle ein Jahr lang enthaltsam leben, wenig essen, trinken und schlafen. Von den zwölf Monaten seien zehn herum. Die verbleibende Frist könne verkürzt werden, wenn man sich darein teile und noch einen Monat gemeinsam faste – in jeglicher Hinsicht.

Die junge Frau beschloß sofort, ihrem Geliebten entgegenzuhungern, aber schon nach der ersten Woche begannen ihre Kräfte merklich zu schwinden, und nach der zweiten mußte sie sich niederlegen. Die Enthaltsamkeit brachte eine eigenartige Wirkung, ja Wandlung mit sich. »Sie haben mich fühlen lassen«, gestand sie dem Prokurator, »daß außer der Neigung noch etwas in uns ist, das ihr das Gleichgewicht halten kann, daß wir fähig sind, jedem gewohnten Gut zu entsagen und selbst unsere heißesten Wünsche von uns zu entfernen.«

Und sie entsagte leichten Herzens. Von dem jungen Mann wird weiter nichts erzählt. Aber es lassen sich zwei Schlüsse denken, befriedigend jeder auf seine Weise: Der Ehemann kehrt wohlbehalten zurück, und man findet wieder zueinander. Oder: Er verunglückt auf seiner gefährlichen Reise, dann dürfen wir dem jungen Paar Gemeinsamkeit und ein langes Leben wünschen.

Diese Geschichte gefiel der Baronesse so gut, daß sie den Geistlichen bat, noch mehr von dieser Art zu erzählen. Doch der weigerte sich. »Es ist nicht die einzige moralische Geschichte, die ich erzählen kann, sondern alle gleichen sich dergestalt, daß man immer nur dieselbe zu erzählen scheint.« Ach, wenn sich das doch unsere Prediger in Kirche und Parlament hinter die Ohren schrieben und nur die beste ihrer Moralitäten vortrügen, uns aber im übrigen mit ihren Variationen in Ruhe ließen!

Weil der Erzähler indes gerade im Schwung war und man ihm auch gern zuhörte, bat er, noch etwas vortragen zu dürfen, das vielleicht keine bloße Variation sei. Und so hörte die Gesellschaft

Die Geschichte von Ferdinand und Ottilie

Ferdinands Vater war ein wohlhabender Mann, der aber mit seinem Geld so unbekümmert umging, daß die Mutter nur durch große Sparsamkeit wieder hereinwirtschaften konnte, was ihm zwischen den Fingern zerrann. Da war es nur begreiflich, daß sich der Sohn lieber an das Vorbild des freigebigen Vaters hielt. Und dabei argwöhnte er noch, es werde ihm etwas vorenthalten, weil doch seine Freunde immer gerade das besaßen, was er entbehrte.

Als er achtzehn Jahre alt geworden war und sich in ein ebenso reizendes wie anspruchsvolles Mädchen namens Ottilie verliebte, brachte ihn die Beschränktheit seiner Mittel – die so beschränkt ja gar nicht waren – schier zur Verzweiflung. Immer häufiger stritt er sich mit dem Vater und dachte hin und her, wie er an genug Geld käme, um Ottilies Wünsche zu erfüllen. Eines Tages entdeckte er durch Zufall, wie sich der Schreibtisch öffnen ließ, in dem die Kasse aufbewahrt wurde. Da kam es wie ein Zwang über ihn, und er nahm eine Rolle Geld heraus, später abermals und wiederum. Ferdinand wußte genau, daß der Vater die Differenz nicht gleich bemerken würde, weil seine Buchhaltung sehr im argen lag. Nun konnte er Ottilie endlich kaufen, was ihr Herz begehrte.

Eines Tages verreiste sie. Da ihm an anderer Gesellschaft als der ihren nichts lag, war Ferdinand oft allein. Er kam ins Nachdenken über sein Tun und Streben, und ganz allmählich gewann in ihm das Gute wieder die Oberhand. Er vermochte sich selbst nicht mehr zu verstehen und führte dem Vater vor, wie leicht sich die Kasse öffnen ließ. Die Schublade erhielt darauf ein besseres Schloß, und der junge Mann hatte sich so vor weiteren Versuchungen geschützt. Von seinem Taschengeld, mit dem er jetzt viel sparsamer umging, konnte er freilich zur Schuldbegleichung nicht viel beiseite legen. Aber zweifellos besteht zwischen dem letzten Taler, den man borgt, und dem ersten, den man spart, ein großer Unterschied.

In dieser Zeit übertrug ihm der Vater eine Aufgabe, die er nicht nur als Bewährungsprobe nutzen wollte, sondern auch als Möglichkeit, durch eigene Geschäfte seine Schuldenlast abzutragen. Ferdinand sollte erkunden, ob es sich lohne, in einer Gegend, wo die Herstellungskosten niedrig lagen, eine Handelsvertretung einzurichten. Der junge

Mann trat die Reise umgehend an und wohnte während seines Aufenthalts bei einem Onkel, dem die Nichte den Haushalt führte, ein fleißiges und hübsches Mädchen, für das er freilich keine Augen hatte, da er ja für Ottilie schwärmte.

Bald hatte er seinen Auftrag erfüllt, borgte sich bei seinem Onkel Geld und kaufte Waren, um sie daheim mit Gewinn zu veräußern. Was er in den Wochen seines Aufenthalts bei dem alten Herrn und dem jungen Mädchen durch sein ungezwungenes und fröhliches Wesen angerichtet hatte, davon ahnte er allerdings nichts. Gefiel jenem die Vorstellung, sich bald schon aus dem Geschäft zurückziehen und seine Nichte verheiraten zu können, hatte diese Ferdinand mittlerweile so liebgewonnen, daß sie der Abschied sehr schmerzte.

Der junge Mann war noch nicht zu Hause, als der Fehlbetrag in der Kasse entdeckt wurde – und es war weit mehr, als sich durch die nachlässige Haushaltsführung des Vaters erklären ließ. Die Mutter war durch kluges Fragen – zum Beispiel bei dem Juwelier, der dem Sohn Schmuck verkauft hatte – hinter Ferdinands Betrug gekommen und darüber tief erschrocken. Derweil verhörte der Vater alle Mitglieder seines Haushalts und grollte jedermann. Als der Sohn nach Hause kam, war die Atmosphäre voller Unfrieden. Dabei hatte er sich darauf gefreut, für die gelungene Arbeit gelobt zu werden. Und nun zog ihn auch noch die Mutter beiseite – sie hatte die Klugheit besessen, ihre Entdeckung dem Vater nicht gleich mitzuteilen – und sagte ihm den Diebstahl auf den Kopf zu.

Ferdinand gestand ohne Umschweife, erzählte auch die Geschichte seiner Reue und daß er bald alles würde erstatten können. Aber es verletzte ihn, sich gerade in dem Augenblick als Sünder hingestellt zu sehen, da er den Weg der Reue eingeschlagen hatte. In seiner Gewissensnot haderte er sogar mit Gott: Man dürfe doch einen, der seine

Fehler bereue, nicht gerade dann niederdrücken, wenn er alles wiedergutzumachen versuche!

Dieses Gebet mußte wohl erhört worden sein, denn alles, was Ferdinand seither anpackte, gelang ihm, obwohl es zunächst gar nicht so aussah. Ottilie hatte sich nämlich unterdessen in einen anderen Mann verliebt, glaubte wohl auch, von ihrem bisherigen Freund nicht mehr viel erwarten zu dürfen, und gab ihm den Laufpaß. Ferdinand wollte nun nichts wie weg, empfahl sich seinem Vater als der ideale Mann für die Handelsvertretung, bekam sie auch und konnte bald schon seine Schulden zügig begleichen. Allmählich wandte sich sein Herz der jungen Nichte zu. Aus ihrer beider Liebe erwuchs eine glückliche und mit den Jahren zahlreiche Familie. Glücklich nicht zuletzt deshalb, weil der junge Vater seinen Kindern jede Freiheit ließ bis auf eine: Sie mußten im kleinen wie im großen lernen, daß Verzicht nicht Strafe, sondern Freiheit bedeute.

Auch die letzte Geschichte hatte wieder allen gefallen, so daß der Geistliche gebeten wurde weiterzuerzählen und er sich auch keineswegs zierte. »Diesen Abend verspreche ich Ihnen ein Märchen, durch das Sie an nichts und an alles erinnert werden sollen.«

Das Märchen
(Aus den »Unterhaltungen deutscher Ausgewanderten«)

Es war einmal ein Fährmann, der konnte die Reisenden nur in einer Richtung über den großen Fluß setzen. Wer zurückwollte, hatte zwei andere Möglichkeiten: mittags die wunderbare Schlange, morgens und abends den Riesen. Ihr Leib und sein Schatten waren in der Lage, sich in feste Brücken zu verwandeln. In der Nähe lebte Prinzessin Lilie auf ihrem Schloß. Alles Lebendige, das sie anfaßte, wurde zu Stein. Und aus den Bergen kamen manchmal übermütige Irrlichter in Mannsgestalt, die sich von Gold ernährten und Gold verschenkten. Eine durch und durch verwunschene Gegend also, die dringend der Erlösung bedurfte.

Eines Nachts wurde der Fährmann von zwei Irrlichtern gerufen, damit er sie über den angeschwollenen Fluß bringe. Bald versetzten sie das Boot in gefährliches Schaukeln, und statt das übliche Fährgeld zu entrichten, schüttelten sie Goldstücke aus ihren Lichtleibern. Wäre davon auch nur eines in den Fluß gefallen, hätte dieser den Kahn verschlungen.

Richtig bezahlt fühlte sich der Fährmann nur durch drei Kohlköpfe, drei Artischocken und drei Zwiebeln, von denen er je ein Exemplar dem Fluß opfern mußte. Das Gold aber warf er gleich wieder in eine tiefe Kluft. Dort verzehrte es die große grüne Schlange, die daraufhin hell erstrahlte. Um noch mehr von dem edlen Metall zu finden, schlängelte sie sich aus der Schlucht und traf auf die Irrlichter. Zwar verspotteten sie die Leuchtende zunächst als

Verwandte »von der horizontalen Linie« und zeigten ihr eitel, »wie schön uns Herren von der vertikalen Linie diese schlanke Länge kleidet«. Aber dann schüttelten sie doch Gold aus sich heraus und baten sie, ihnen den Weg zur schönen Prinzessin zu zeigen.

Nachdem die Schlange geholfen hatte, kroch sie schnell in ihre Kluft zurück und weiter in eine große Höhle, die sie bislang nur hatte fühlen, nicht aber sehen können. Nunmehr leuchtend, erkannte sie, daß es sich um einen unterirdischen Tempel handelte, und entdeckte darin einen goldenen, einen silbernen und einen erzenen König, dazu einen vierten, aus allen drei Metallen gemischten. Unversehens trat aus dem Gestein ein alter Mann hervor, dessen Laterne den ganzen Tempel erhellte. »Endigt sich mein Reich?« fragte der silberne König. »Spät oder nie«, antwortete der Alte. »Wann werde ich aufstehn?« fragte der erzene König. »Bald«, antwortete der Alte. »Was wird aus dem jüngsten werden?« fragte der König weiter und schaute auf den Gemischten. »Er wird sich setzen«, antwortete der Alte und rief mit gewaltiger Stimme: »Es ist an der Zeit!« Dann machte er sich davon gen Westen, während sich die Schlange gen Osten wandte. Wer dem Mann jetzt gefolgt wäre, hätte Wunderbares zu sehen bekommen, denn seine Lampe besaß die Eigenschaft, Steine in Gold, Holz in Silber, tote Tiere in Edelsteine zu verwandeln und Metall zu vernichten.

Als der Alte nach Hause kam, fand er sein Weib in Tränen. Die Irrlichter hätten ihr solche Avancen gemacht, daß sie ganz rot geworden sei. Außerdem hätten sie mit Goldstücken um sich geworfen, von denen ihr Schoßhund eines gefressen habe und zu Onyx erstarrt sei. Nun sehe er zwar wie ein seltenes Kunstwerk aus, sei aber tot. Der Alte riet ihr, anderntags zur schönen Lilie zu gehen, denn wie sie Lebendiges töte, so mache sie Totes lebendig. Also ging die Frau mit dreimal drei Gartenfrüchten zum Fluß, aber der

Riese mit den Schattenfingern stahl ihr je eine davon. Da mußte sie also dem Fluß etwas schuldig bleiben oder ihren Weg abbrechen. Sie flehte den Fährmann an, dennoch überzusetzen. »Steckt Eure Hand in den Fluß«, empfahl er als einzige Möglichkeit, »und versprecht, daß Ihr in vierundzwanzig Stunden die Schuld abtragen wollt.« Die Alte tat's, da wurde ihr die Hand schwarz. Wenn sie ihre Schuld rechtzeitig begliche, werde alles wieder gut werden, andernfalls sei die Hand verloren.

Zugleich mit ihr hatte ein braungelockter Jüngling übergesetzt, dessen Harnisch und Purpurmantel ihn auch ohne Krone, Zepter und Schwert als Prinz erkennen ließen. Er wollte Lilie freien. Als die beiden in den Schloßgarten eintraten, wehte ihnen geheimnisvolle Musik entgegen. Die Prinzessin spielte auf ihrer Harfe traurige Melodien, denn ein Habicht hatte ihren Kanarienvogel so erschreckt, daß er an ihre Brust geflohen und dort erstarrt war. So kam der Steinhund als tröstendes Geschenk gerade recht und wurde in ihren Armen auch gleich wieder lebendig. Doch konnte sie der freundlichen Geberin bei ihrer Suche nach den fehlenden Naturalien nicht weiterhelfen. In ihrem magischen Garten wuchs und grünte zwar alles unglaublich schnell, doch gedieh nichts zur Reife.

Der Anblick des Hundes war Lilie wie das hoffnungsvolle Zeichen einer besseren Zukunft vorgekommen. Aber dazu brauchte es noch mehr:

»Ach! warum steht der Tempel nicht am Flusse!
Ach! warum ist die Brücke nicht gebaut!«

Da erzählte ihr die Schlange von dem unterirdischen Tempel und daß sie dort den Mann mit der Lampe gesehen und von ihm das machtvolle Wort »Es ist an der Zeit!« gehört habe. Die Prinzessin erkannte darin ein weiteres Zeichen und sehnte sich dem Augenblick entgegen, da der erlösende Rätselspruch das entscheidende dritte Mal vernommen würde. Dann bat sie die Alte, ihrem Mann den Kanarienvogel zu bringen, damit er ihn mit seiner Lampe lebendig mache.

Die Alte ging, und der traurige Prinz trat ein. Es schnitt ihm ins Herz, daß er die Angebetete nicht berühren durfte, ein Hund ihr aber am Herzen lag. Einmal wenigstens wollte auch er dort liegen, und wenn er darüber erstarrte. Noch bevor die Prinzessin es ihm wehren konnte, drückte er sie an sich – und sank im nächsten Augenblick entseelt zu Boden.

Die Schlange bildete mit ihrem Leib einen Ring um den Leichnam. So war er dem Verfall nicht preisgegeben. Indessen kam die Alte zurück. Weder Fährmann noch Riese hätten sie übergesetzt, erst solle sie die Schuld begleichen. Ihre Hand aber schrumpfe immer mehr! »Vergeßt Eure Not«, sagte die Schlange, »und sucht hier zu helfen; vielleicht kann Euch zugleich mit geholfen werden.« Sie möge die Irrlichter aufsuchen, weil die doch über den Fluß gelangen und den Alten mit der Lampe holen könnten. Und wirklich glitt er schon bald übers Wasser heran wie ein Schlittschuhläufer.

»Ob ich helfen kann, weiß ich nicht«, meinte er nachdenklich, »ein einzelner hilft nicht, sondern wer sich mit vielen zur rechten Stunde vereinigt.« Und zur Schlange gewendet: »Halte deinen Kreis geschlossen.« Auch der Kanarienvogel wurde in den magischen Ring gelegt.

Nach Sonnenuntergang begannen Schlange und Lampe wieder zu leuchten, von Lilies Schleier ging gleichfalls ein sanfter Schein aus. Als Mitternacht heran war, prüfte der Alte die Sterne: »Wir sind zur glücklichen Stunde beisammen; jeder verrichte sein Amt, jeder tue seine Pflicht, und ein allgemeines Glück wird die einzelnen Schmerzen in sich auflösen, wie ein allgemeines Unglück einzelne Freuden verzehrt.« Dann befahl er dem Habicht, der die Versteinerung des Kanarienvogels verschuldet hatte, mit einem Spiegel aufzufliegen und das erste Sonnenlicht auf sie herabzulenken.

Prinz und Vogel wurden in einen Korb gelegt, der alsbald zu schweben begann, und sie alle wanderten über die Schlangenbrücke ans andere Ufer. Noch einmal verwandelte sich die Schlange in ihre eigentliche Gestalt zurück und verlangte – wozu nur? –, daß kein Stein am Ufer liegenbleiben dürfe. Lilie solle sie jetzt mit der linken und den steinernen Prinzen mit der rechten Hand berühren. Alsbald richtete sich der Jüngling auf, und auch in den Kanarienvogel kehrte das Leben zurück. Die Schlange aber war tot und in lauter Edelsteine zerfallen, die entsprechend ihrer Anweisung eingesammelt und den Wellen übereignet wurden.

Weiter und tiefer führte der Weg in die Felsenhöhle. Die Irrlichter sperrten das Tor zum Tempel auf, und alle verneigten sich ehrfürchtig vor den Königen. Die geschwächten Irrlichter wollten sich stärken, aber der goldene König verscheuchte sie, vom silbernen und erzenen konnten sie sich nicht ernähren, also zogen sie dem gemischten das Gold aus dem Leib.

»Es ist an der Zeit!« rief der Alte abermals und wurde von der Prinzessin glücklich umarmt, denn nun war das geheimnisvolle Wort zum dritten Mal gefallen und also die Erlösung nahe. Langsam begann sich der Tempel durch die Tiefen der Erde zu bewegen, unter dem Fluß hindurch und dann immer höher empor. Plötzlich fielen Bretter krachend herab, das erhabene Gebäude war genau unter der Hütte des Fährmanns aufgestiegen. Die Kraft der Lampe aber versilberte das Holz und verwandelte es in einen Altar. Es war kurz vor Tagesanbruch, und der Alte hieß seine Frau schnell ein Bad im Fluß nehmen, damit sie wieder gesund werde.

Da nun die Sonne aufging, rief er: »Drei sind, die da herrschen auf Erden: die Weisheit, der Schein und die Gewalt!« Bei jedem seiner Worte stand einer der Könige auf, nur der gemischte, den kein Gold mehr zusammenhielt, sackte in sich zusammen. Der König aus Erz gab dem Prinzen sein Schwert, der aus Silber das Zepter, der goldene schließlich segnete ihn mit den Worten »Erkenne das Höchste!« und drückte einen Eichenkranz auf sein Haupt. Als sich der Prinz im Besitz aller Insignien befand, ging eine eigenartige Wandlung mit ihm vor, die zeigte, daß er zwar schon lebendig gewesen, aber jetzt erst wieder beseelt war. Und das erste Worte, das ihm über die Lippen kam, war der Name der geliebten Frau.

Der neue König trat mit seiner Gemahlin, von deren Berührung keine Gefahr mehr ausging, und mit den Freunden vor den Tempel. Im Licht des neuen Tages sahen sie, wie sich Wanderer, Reiter und Wagen über eine prächtige Brücke bewegten. »Gedenke der Schlange in Ehren!« sagte der Mann mit der Lampe zu dem jungen Herrscher, »du bist ihr das Leben, deine Völker sind ihr die Brücke schuldig, wodurch diese nachbarlichen Ufer erst zu Ländern belebt und verbunden werden.«

Dann trat eine bemerkenswert schöne Frau heran, die sich als Gemahlin des Alten mit der Lampe erwies. Das zauberische Bad hatte nicht nur ihre Hand geheilt, sondern ihre ganze Gestalt verjüngt. Der Habicht mit dem Spiegel tauchte am Himmel auf und lenkte das Licht der Sonne auf das Königspaar und seine Begleiter. Da umgab sie ein Glanz, daß alles Volk vor ihnen niedersank. Die Irrlichter aber taten das Ihre, um aus dem glücklichen Ende ein wahres Volksfest zu machen, und streuten Goldstücke in die Menge.

Seit diesem Tag wimmelt es auf der Brücke von Wanderern, der Tempel ist der besuchteste der ganzen Erde, und wenn niemand gestorben ist, dann leben sie noch heute.

Novelle

Herbstnebel verhüllte noch die Frühe des Tages, als im Schloßhof die Pferde zur Jagd gesattelt wurden. Die Hunde bellten und rissen an den Leinen, Steigbügel wurden gekürzt, Büchsen und Patronentaschen verstaut. Der Fürst verabschiedete sich von seiner jungen Gemahlin. Sie selbst wollte während der Zeit seiner Abwesenheit die Ruine des alten Stammschlosses in den Bergen erkunden. Mit von der Partie sollten ihres Mannes Onkel und der Stall- und Hofjunker Honorio sein.

Das Schloß des kleinen Fürstentums stand gerade auf der Grenze zwischen Gebirge und flachem Land, so daß die Fürstin auf der einen Seite in die Stadt hinunter, auf der anderen über Felder und Wiesen in den Bergwald hinaufschauen konnte.

»Liebe Kusine«, sagte der Fürst-Onkel, »hier legen wir die Ansichten der Stammburg vor, gezeichnet, um von verschiedenen Seiten anschaulich zu machen, wie der mächtige Trutz- und Schutzbau von alten Zeiten her dem Jahr und seiner Witterung sich entgegenstemmte und wie doch hie und da sein Gemäuer weichen, da und dort in wüste Ruinen zusammenstürzen mußte.« Damit der Wanderer bequemer näher treten könne, sei die Wildnis an einigen Stellen etwas gelichtet worden. Ansonsten habe hier, wo Ahorn, Eiche und Fichte wachsen, wohl hundertfünfzig Jahre keine Axt mehr geschlagen. Ein Hohlweg führt durch die äußeren Wälle. Auf festem Granit ragt noch immer ein gewaltiger Turm empor. Um einen gangbaren Weg ins Burginnere zu schaffen, habe man eine Mauer geöffnet und ein Gewölbe gesprengt.

Als Honorio die Pferde vorführte, wandte sich die Fürstin an den Onkel: »Reiten wir hinauf und lassen Sie mich in Wirklichkeit sehen, was Sie mir hier im Bilde zeigten!« Zunächst aber wolle sie den Weg durch die Stadt nehmen, »über den großen Marktplatz, wo eine zahllose Menge von Buden die Gestalt einer kleinen Stadt, eines Feldlagers angenommen hat«.

»Verzeihen Sie aber, meine Beste«, wehrte sich der Angesprochene, »ich reite niemals gern durch Markt und Messe; bei jedem Schritt ist man gehindert und aufgehalten, und dann flammt mir das ungeheure Unglück wieder in die Einbildungskraft, das sich mir gleichsam in die Augen eingebrannt, als ich eine solche Güter- und Warenbreite in Feuer aufgehen sah.« Aber die junge Fürstin mochte das Gewimmel, und sie genoß es, sich vor dem Volk zu zeigen, so wie dieses sich freute, daß die erste Dame des Landes zugleich die schönste und anmutigste war.

Munter ritt man zwischen den Kramläden hindurch. Ein Gemälde in knalligen Farben warb für eine Tierschau mit Löwe und Tiger, und Bänkelsänger unterhielten die Umstehenden. Dann ging es weiter am Fluß entlang, vorbei an Frucht- und Lustgärten, durch die ersten Büsche und Wäldchen hindurch und schließlich ein langgestrecktes Wiesental immer höher hinauf. Als der erste Aussichtspunkt erreicht war, lag das Schloß schon tief unter ihnen, und in der Ferne tauchten über dem Hochwald die Spitzen der Burg auf. Nachdem sie ein Geröllfeld hinter sich gebracht hatten, mußten sie absteigen und zu Fuß weitergehen. Der Onkel als der Ältere zog es vor, hier zu rasten und auf die Pferde zu achten. Fürstin und Hofjunker setzten den Weg allein fort.

Die Sonne stand schon hoch, als sie die ganze Anlage

mit allen Gebäuden, Flügeln und Türmen vor sich sahen. In diesem Augenblick richtete Honorio sein Fernrohr noch einmal zurück auf die Stadt. Plötzlich schrie er auf: »Seht hin! seht hin! auf dem Markte fängt es an zu brennen.« Sofort machte man kehrt und stieß auch bald auf den Onkel, der so schnell wie möglich hinabreiten wollte.

Also trennten sich ihre Wege gleich wieder. Der Onkel ritt über das Geröll davon, daß die Funken stoben. Die Fürstin folgte mit dem Hofjunker nach. »Reiten Euer Durchlaucht, ich bitte, langsam!« bat Honorio. Hier ist »ein böser Boden, kleine Steine und kurzes Gras, schnelles Reiten ist unsicher; ohnehin, bis wir hineinkommen, wird das Feuer schon nieder sein«. Das aber war nicht der Fall, vielmehr sprang es von Bude zu Bude. Panik brach aus. Viele wollten ihre Warenballen – selbst wenn sie schon zu brennen angefangen hatten – fortschleppen. Andere retteten das Ihre unter Einbuße von Augenbrauen und Haaren.

Als die Fürstin und Honorio das Gebüsch des Wiesentals erreicht hatten, sprang unversehens ein Tiger hervor, wahrscheinlich der, dessen Abbild sie auf dem grellen Gemälde gesehen hatten und der aus dem brennenden Käfig entwichen war.

»Flieht! gnädige Frau«, rief Honorio. Also galoppierte sie die steile Strecke abermals hinauf, bis das überanstrengte Pferd unter ihr zusammenbrach. Der Tiger aber war ihr nachgefolgt. Ein erster Schuß Honorios ging daneben, der zweite traf das Tier in den Kopf, so daß es tot zu Boden stürzte.

Der Jüngling kniete vor dem erlegten Tier, als die Fürstin zu ihm trat. »Ich werde mich an Eure Kühnheit und Gewandtheit dabei erinnern und darf nicht hinzusetzen, daß Ihr auf meinen Dank und auf die Gnade des Fürsten lebenslänglich rechnen könnt.«

»Da ich nun einmal kniee«, entgegnete Honorio, »so

laßt mich bitten, von der Gunst, von der Gnade, die Ihr mir zuwendet, in diesem Augenblick versichert zu werden.« Er habe sich schon lange gewünscht, einmal Urlaub nehmen zu dürfen, um zur Abrundung seiner Bildung die großen Städte des Kontinents zu bereisen. Was er verschwieg, war, daß seine Gedanken in letzter Zeit auf eine Weise um seine Herrin kreisten, die nicht sein durfte, und so wollte er die ersehnte Reise nutzen, um sich ihrer Umgebung eine Weile zu entziehen.

»Steht auf!« versetzte die Fürstin, »Eure Tat wäre ein so empfehlender Reisepaß, als ein junger Mann nur in die Welt mitnehmen kann.«

Indes sahen sie eine buntgekleidete Frau mit ihrem Sohn herbeieilen, die angesichts des toten Tigers zu jammern und zu weinen anfingen. Es waren die Schausteller, denen er gehörte. »Sie haben dich ermordet, armes Tier! ermordet ohne Not! Du warst zahm und hättest dich gern ruhig niedergelassen und auf uns gewartet.«

Hufgeklapper wurde laut. Der Fürst und sein Gefolge, die den Qualm und die Flammen auch gesehen hatten, sprengten heran. Gleichzeitig trat ein Mann zu ihnen, der durch seine Kleidung unschwer als Dritter der Schaustellerfamilie zu erkennen war. »Es ist nicht Klagenszeit«, sagte er in ehrfürchtiger Entfernung von dem Fürsten, »ach, mein Herr und mächtiger Jäger, auch der Löwe ist los, auch hier nach dem Gebirg ist er hin, aber schont ihn, habt Barmherzigkeit, daß er nicht umkomme wie dies gute Tier!«

Zunächst befahl der Fürst seinen Jägern und Feldwächtern, alle Sicherheitsvorkehrungen zu treffen, bevor er den Mann fragte: »Welche Bürgschaft gebt ihr mir, daß, wenn wir eures Löwen schonen, er nicht im Lande unter den Meinigen Verderben anrichtet?«

»Hier diese Frau und dieses Kind«, erwiderte der Mann. Sie »erbieten sich, ihn zu zähmen, ihn ruhig zu erhalten, bis ich den beschlagenen Kasten heraufschaffe, da wir ihn denn unschädlich und unbeschädigt wieder zurückbringen werden«.

Unterdessen hatte der Junge auf seiner Flöte zu spielen begonnen, eine Melodie, die keine war, eine Tonfolge ohne Gesetz und vielleicht gerade darum so herzergreifend. Honorio wurde in die Klamm geschickt, wo sich der Löwe befinden sollte. Hätten Frau und Kind keinen Erfolg, dann ließe sich der Weg dort wenigstens mit Feuer versperren. Vater und Sohn begannen gemeinsam zu musizieren, wechselten einander in Gesang und Flötenspiel ab. In dem seltsamen, immer wieder variierten Text tauchten wie ein Kehrreim die Worte auf: »Löw' und Löwin, hin und wider, / Schmiegen sich um ihn heran; / Ja, die sanften, frommen Lieder / Haben's ihnen angetan!«

Es fiel schwer, sich vorzustellen, ein kleiner Junge könne das Raubtier beruhigen. »Ihr glaubt also«, sagte der Fürst, »daß ihr den entsprungenen Löwen, wo ihr ihn antrefft, durch euren Gesang, durch den Gesang dieses Kindes, mit Hülfe dieser Flötentöne beschwichtigen und ihn sodann unschädlich sowie unbeschädigt in seinen Verschluß wieder zurückbringen könntet?« Wie zur Antwort begab sich das Kind, gelassen immer weiterspielend, in das durchbrochene Gewölbe am Haupteingang der Stammburg.

»Schöner junger Mann«, rief draußen die Schaustellerin Honorio zu, »du hast meinen Tiger erschlagen, ich fluche dir nicht; schone meinen Löwen, guter junger Mann – ich segne dich.« Und setzte rätselhaft hinzu: »Du schaust nach Abend [...], du tust wohl daran, dort gibt's viel zu tun; eile nur, säume nicht, du wirst überwinden. Aber zuerst überwinde dich selbst!«

»Wenn Euer Kind«, sagte einer der Flurwächter zur Mutter, »flötend und singend, wie Ihr überzeugt seid, den Löwen anlocken und beruhigen kann, so werden wir uns desselben sehr leicht bemeistern«. – »Die Umstände sind alle nicht nötig«, antwortete die Frau. »Gott und Kunst, Frömmigkeit und Glück müssen das Beste tun.«

Wieder hörte man das Flötenspiel. Kind und Tier traten aus der Höhle, der Löwe friedlich, aber hinkend. Er legte sich vor den Jungen hin. Der nahm die schwere rechte Vordertatze und zog vorsichtig einen Dorn heraus. Dabei strahlte er in seiner Unbekümmertheit etwas von einem siegreichen Überwinder aus.

Der Mann von funfzig Jahren
(Aus »Wilhelm Meisters Wanderjahren«)

Es war an einem Morgen im Frühling, als der Major endlich wieder einmal heimkehrte. Mit seinen fünfzig Jahren wirkte er noch immer stattlich und imposant, auch wenn die Schläfen schon grau waren, eine Glatze sich anzudeuten begann und erste Runzeln das Gesicht eher markanter machten als alt. Vor dem Schloß empfingen ihn seine Schwester, die Baronin, und deren Tochter Hilarie.

»Diesmal kann ich mich kurz fassen und sagen, daß unser Geschäft beendigt ist«, erzählt er den Damen gleich als erstes. »Unser Bruder, der Obermarschall, sieht wohl ein, daß er weder mit Pächtern noch Verwaltern zurechtkommt. Er tritt bei seinen Lebzeiten die Güter uns und unsern Kindern ab.« Einzige Bedingung: Ihm müsse ein entsprechendes Jahresgehalt gezahlt werden. Der Major freut sich darauf, durch sorgsame Verwaltung der Güter etwas für die nachfolgende Generation tun zu können, und beide – er und seine Schwester – denken dabei auch an eine Hochzeit seines Sohnes Flavio mit ihrer Tochter.

Nach dem Frühstück lädt ihn die Baronin zu einem Spaziergang durch den Garten ein, damit sie allein mit ihm sprechen kann. Erst zögert sie eine Weile, dann eröffnet sie ihm, daß Hilaries Herz nicht mehr frei sei. Ihr Bruder ist natürlich neugierig, wer der Auserwählte sei, aber die Baronin spannt ihn erst noch etwas auf die Folter, bis sie endlich mit der Antwort herausrückt: »Wenn du den Glücklichen finden willst, den sie liebt, so brauchst du nicht weit zu gehen, er ist ganz in der Nähe: dich liebt sie.«

»Etwas so Unnatürliches hätte ich ihrem natürlichen Wesen nicht zugetraut«, ruft der Major erschrocken aus und kann in dieser Verliebtheit nichts anderes als Selbstbetrug sehen. Aber schon am anderen Tag beginnen seine Gedanken um Hilarie zu kreisen, und aus ihrem Selbstbetrug wird nun auch der seine. Er, der früher nie großen Wert auf sein Äußeres gelegt hat, betrachtet sich im Spiegel, ärgert sich über seine grauen Haare und findet an den Kleidern, die ihm der alte Kammerdiener hingelegt hat, immer noch ein Faserchen, an den Stiefeln noch ein Stäubchen.

Er öffnet die Post, darunter den Brief eines Freundes, der sich zu Besuch ansagt. Man weiß, daß er Schauspieler geworden ist, und hat gehört, daß er noch immer den Liebhaber spielt, obwohl er doch bestimmt zehn Jahre älter ist als der Major.

Als sich die beiden gegenüberstehen, stutzt der Hausherr, denn der Freund wirkt in der Tat unglaublich jung. Vor Tisch sind die Männer ein wenig unter sich, und der Schauspieler verrät sein Geheimnis: »Man denkt immer nur ans Notwendige; man will sein und nicht scheinen. Das ist recht gut, solange man etwas ist. Wenn aber zuletzt das Sein mit dem Scheinen sich zu empfehlen anfängt und der Schein noch flüchtiger als das Sein ist, so merkt denn doch ein jeder, daß er nicht übel getan hätte, das Äußere über dem Innern nicht ganz zu vernachlässigen.« Er für sein Teil benutze Tinkturen und Pomaden und verfüge über ein ausgeklügeltes System der Körperertüchtigung.

Der Major gesteht dem Freund, daß es Gelegenheiten gebe, »wo man sich innerlich frisch fühlt und sein Äußeres auch gar zu gern wieder anfrischen möchte«. Da der Schauspieler anderntags weiterwill, sieht sich der Hausherr – wiewohl's ihm peinlich ist – genötigt, schnell zu reagieren. Also rückt er mit der Bitte heraus, der Freund möge ihm doch eine Auswahl aus seinem Kosmetikkoffer überlassen und den Gebrauch erklären. Der Schauspieler willigt ein. Er weist sogar seinen Diener an, ein paar Tage länger zu bleiben, weil auch dieser sich in den Geheimnissen der Verjüngungskunst auskennt.

Schon bald aber gehen dem Major die Anweisungen, wie lange er zu ruhen habe, das ständige Schminken, Lippenbetupfen und Augenbrauenzupfen auf die Nerven. Wenn er abends zu Bett geht, fühlt er sich mumienhaft einbalsamiert und wie ein Kranker behandelt. Doch hält er eine ganze Weile durch, denn seine Liebe zu Hilarie wird immer stärker. Dann kommt der Tag, da er sie fragt, ob sie die Seine werden wolle, und auf Wolken schwebt, als sie antwortet: »Ich bin dein auf ewig.«

Er hat sich noch niemals vor einer anstehenden Aufgabe gedrückt, also fährt er in das Garnisonsstädtchen, wo sein Sohn als Leutnant stationiert ist. Wie bringt er ihm seine große Liebe nur bei? Aber Flavio macht es ihm unerwartet leicht, weil er schneller noch als der Vater von seiner eigenen großen Liebe erzählt: »Sie ist eine junge Witwe, Erbin eines alten, reichen, vor kurzem verstorbenen Mannes, unabhängig und höchst wert, es zu sein, von vielen umgeben, von ebenso vielen geliebt, von ebenso vielen umworben, doch, wenn ich mich nicht sehr betriege, mir von Herzen angehörig.«

Natürlich betrügt er sich gewaltig, unbedingt will er seinem Vater noch heute diese Frau vorstellen. Am Abend ereignet sich zweierlei Unvorhersehbares: Nicht nur ist der Major äußerst angetan von der schönen Dame, sondern auch sie scheint sich für ihn zu interessieren.

Der Baronin freilich behagt die ganze Geschichte nicht. Sie ist eine erfahrene Frau, die genauer hinsieht und richtiger empfindet, als es Verliebten offenbar gegeben ist. Hilarie ist einfach zu jung für ihren Bruder und die Witwe zu alt für Flavio. Aber keiner würde sich in diesem Stadium der Verliebtheit raten lassen, so viel ist ihr klar.

In den nächsten Wochen inspiziert der Major seine Ländereien, findet vieles vernachlässigt, plant Verbesserungen, setzt sich mit dem Notar seines Bruders auseinander und erfreut sich der neuen, ihm sehr gemäßen Tätigkeit. Bei gelegentlicher Durchsicht älterer Poesien, die der dichterisch nicht Unbegabte in jüngeren Jahren verfaßt hat, vergeht ihm ein wenig die gute Laune. Warum hat er eigentlich immer so trauervoll geschrieben, als er noch alle Freuden der Jugend genoß? So zu schreiben wäre jetzt, auf dem Scheitelpunkt des Lebens, viel angemessener, wo ihn jede kleine Krankheit ungeduldig und jedes leise Gefühl abnehmender Kraft besorgt macht. Dennoch hört er, als der Diener des Schauspieler-Freundes abgereist ist, mit der lästigen Schminkerei und Körperertüchtigung wieder auf.

Der Winter kommt früh, mit langen dunklen Tagen und heftigem Sturmregen im November. Die Baronin und ihre Tochter haben sich ganz ins Schloß zurückgezogen, erleuchten jedes Zimmer mit Kerzen und vertreiben sich die Zeit mit Klavierspiel und Gesang, wobei sie immer wieder an den abwesenden Bruder und Bräutigam denken, den sie bei seiner Rückkehr unterhalten wollen.

Eines Abends unterbricht Pochen und Rufen am äußeren Tor den Frieden des Hauses. Herein stürzt Flavio, die Haare wirr, die Kleider zerfetzt und naß, als sei er durch Dorn und Dickicht, Schlamm und Sumpf herbeigeeilt. Es scheint derart schlimm um ihn zu stehen, daß der alte Hausarzt kommt und einen Aderlaß vornimmt, was den Patienten erneut aufzuregen scheint. Weinend verbirgt er den Kopf im Kissen. Sein Blut gehöre doch allein ihr, schluchzt er.

Ihr? Wer? Die Baronin versteht sofort, daß Flavio von der Witwe verlassen worden ist – wenn sie denn je die Seine war. Andertags hat sich der junge Mann ein wenig beruhigt. Die Atmosphäre des Hauses tut ihm wohl. Des Morgens findet die Baronin beim Aufräumen ein Miniaturporträt ihres Bruders als junger Mann, und während sie amüsiert die große Ähnlichkeit mit dem Sohn feststellt, ist Hilarie beim Anblick des Bildes tief betroffen. Dann betritt Flavio auch noch in abgetragenen Kleidern seines Vaters das Zimmer, weil die seinen noch nicht trocken und geflickt sind. Aus des Mädchens Betroffenheit wird tiefes Erschrecken, weil die Ähnlichkeit des jugendlichen Vaterbildes mit der Lebensgegenwart des Sohnes ihre Gefühle in Aufruhr versetzt.

Nach Wochen des Regens, als die Gegend rings um das Schloß ein einziger See ist, kommt über Nacht der Frost und verwandelt alles in eine riesige Eisfläche, auf der sich wunderbar Schlittschuh laufen läßt. Auch Hilarie und Flavio nehmen an dem sportlichen Vergnügen teil, bei dem sich die Paare umstandslos bei den Händen fassen können, und sind bei Anbruch der Dunkelheit die Letzten auf dem Eis. Vollmond und Sternenhimmel geben der Landschaft etwas Magisches. Und wie sich die beiden so in die Augen schauen, wird eine Saite in ihrem Innersten berührt, die sie beide verunsichert.

Aus der Dunkelheit nähert sich eine Gestalt und umkreist das Paar. Als Hilarie entdeckt, daß es der Major ist, fährt sie zusammen und stürzt. Sofort kniet der Sohn nieder und legt ihren Kopf in seinen Schoß. »Ich hole einen Schlitten«, ruft der Vater. Aber als er wiederkommt, sind die zwei längst verschwunden. An diesem Abend gehen sich alle drei aus dem Weg. Flavios Gefühle wenden sich unmerklich Hilarie zu. Das Mädchen empfindet einen heftigen Zwiespalt. Nur der Major merkt noch nichts.

Doch auch in ihm vollzieht sich eine Wandlung, eigentlich ausgelöst durch eine Kleinigkeit. Vor kurzem hat er einen Vorderzahn verloren und muß befürchten, daß ihm bald ein zweiter ausfällt – in einer Zeit, als es noch keine Zahnärzte, allenfalls Zahnbrecher gab, ein ernsthaftes Problem. Es widerstrebt ihm zutiefst, mit einem solchen Makel um eine junge schöne Geliebte zu werben. Er spricht mit seiner Schwester darüber und begreift allmählich, was die Baronin längst gewußt hat: Während Hilarie den Irrtum der unerfahrenen Jugend begangen hatte, war er dem Irrtum des Alters anheimgefallen.

Er will nun also wieder die ursprünglich geplante Verbindung Flavios mit Hilarie vorantreiben. Das ist eine vernünftige Entscheidung, aber Hilarie, die kein erotischer Flattervogel ist, weigert sich zunächst, auf ihn zu verzichten. Das schmeichelt dem Major und macht ihn schon wieder schwankend. Ein echtes Dilemma: Wählt sie ihn, müßte er ablehnen, wählt sie Flavio, würde er sich verletzt fühlen. In dieser schwierigen Lage erhält er ein Schreiben, worin er gebeten wird, in das Posthaus der nahe gelegenen Ortschaft zu kommen, ein eilig Durchreisender müsse ihn sprechen. Als er ankommt – wartet die Witwe auf ihn. Sie hat sich heillos in den Major verliebt. »Ich war nicht unglücklich, aber unruhig«, gesteht sie, »ich gehörte mir selbst nicht recht mehr an, und das heißt denn doch am Ende nicht glücklich sein.«

So löst sich am Ende alles in seliger Zufriedenheit auf. Das junge Paar heiratet. Flavio wird Hauptmann und ein reicher Gutsbesitzer dazu. Die Hochzeitsreise führt gen Süden, wo ein glücklicher Urlaub genossen wird. Anschließend tritt der Major mit seiner schönen Frau die gleiche Reise an. Man darf erwarten, daß diese vier Menschen nicht nur glücklich geworden sind, sondern sich auch zur rechten Zeit ins rechte Alter gefügt haben. Oder besser: Weil das so war, sind sie glücklich geworden.

EPEN UND GEDICHTZYKLEN

Hermann und Dorothea

Diese Geschichte scheint zunächst etwas schwerfällig daherzukommen, in behäbigen Hexametern wie zu Homers Zeiten und auch mit diesen altertümlichen Charakterisierungen, hinter denen man stets Füllsel vermutet, damit der Versfuß nicht hinkt: »die kluge, verständige Hausfrau«, »der gute Vater«, »der wohlgebildete Sohn«. Dabei wird von durchaus realistischen Vorfällen erzählt, die in der damaligen Gegenwart spielen. Und ohne große Verrenkungen könnte man das Ganze auch ins 20. Jahrhundert übertragen. Also zum Beispiel: Junge Ostpreußin flieht bei Kriegsende nach Westen und findet sich in einem kleinen niedersächsischen Städtchen wieder, in dem die Zeit stehengeblieben zu sein scheint. Dort verliebt sie sich in einen Mann, der zuerst aus Mitmenschlichkeit hilft und dann aus Liebe. Oder: Eine Kroatin hat in Deutschland nicht nur Exil gefunden, sondern nach Überwindung erheblicher Vorurteile – gegenüber ihrem Stand, ihrem Land, ihrer Religion – einen Einheimischen geheiratet.

Auch Goethe ist nicht anders verfahren. Er fand den Vorfall in einer Geschichte der Salzburger Protestanten, die wegen ihres Glaubensbekenntnisses nach Preußen vertrieben wurden. Er versetzte das Geschehen in seine Gegenwart, genauer in den August des Jahres 1796, die Zeit des ersten Koalitonskrieges gegen das revolutionäre Frankreich. Die Handlung spielt in einem rechtsrheinischen, arg zipfelmützigen Ackerbürgerdorf.

Hier ist die Welt noch heil, und die Revolution wird

nicht erlebt, sondern allenfalls beredet. Der wohlhabende Wirt »Zum goldenen Löwen«, der Apotheker und der Pfarrer gehören zum behäbigen Personal des Epos. Ordnung heißt die Parole. »Denn wo die Türme verfallen und Mauern, wo in den Gräben / Unrat sich häufet und Unrat auf allen Gassen herumliegt, / Wo der Stein aus der Fuge sich rückt und nicht wieder gesetzt wird, / Wo der Balken verfault und das Haus vergeblich die neue / Unterstützung erwartet: der Ort ist übel regieret.« Ein Städtchen also zwischen Kehrwoche und Karwoche, mit adretten Vorgärten und sauber gesetzten Staketenzäunen. Sogar von Gartenzwergen ist die Rede!

Hermann ist der schüchterne Held der Erzählung, voll guten Willens, aber nicht eben mit überragender Intelligenz gesegnet und selten in der Lage, zur rechten Zeit das rechte Wort zu treffen. Lesen und Schreiben hat er nie gelernt. Sein Vater, unter den örtlichen Honoratioren einer der wohlhabendsten, möchte ihn der Mitgift wegen mit der Nachbarstochter verheiraten. Sie aber lacht den wenig Gewandten nur aus, so daß der Vater schon fürchtet, er würde ein Stubenhocker bleiben, der nichts zuwege bringt.

Ein langer Zug von Flüchtlingen kommt am Städtchen vorbei, und alles, was Beine hat, strömt vor die Tore, um zu helfen oder bloß zu gaffen. Hermann ist auch dabei, von der Mutter mit Leinenzeug und Proviant versehen. Als er zurückkommt in die Wirtsstube, wo die Eltern mit Apotheker und Pfarrer zusammensitzen, fällt sofort auf, daß ihm etwas widerfahren sein muß, was ihn munter und lebhaft macht. Den eigentlichen Emigrantenzug hat er zwar nicht mehr getroffen, wohl aber einen einzelnen, von einer jungen Frau geführten Wagen, darin eine Wöchnerin lag. Für die kam das Leinen gerade zur rechten Zeit. Ihre Begleiterin hat Hermann sehr gefallen. »Denn der rote Latz erhebt den gewölbeten Busen, / Schön geschnürt, und es liegt das schwarze Mieder ihr knapp an.« Da hilft man gern, da denkt man schon ans Wiederkommen.

Es handelt sich also – unschwer zu erraten – um Dorothea, die zweite Hauptperson. Offensichtlich aber reagiert Hermann auch diesmal mit Verzögerung, denn als sie zum Nachtquartier ins nächste Dorf weiterziehen, läuft er ihnen nach und übergibt erst jetzt der unbekannten Schönen das Proviantpaket. Wieder daheim, erfreut er den Vater mit dem unvermuteten Bekenntnis: »Lieber möcht ich, als je, mich heute zur Heirat entschließen; / Denn manch gutes Mädchen bedarf des schützenden Mannes«. Dem Vater fällt dazu die Tochter eines reichen Kaufmannes ein, aber Hermann hat schon – und sei's nur als Wunschtraum – Dorothea vor Augen. Als herauskommt, daß er an einer wohlhabenden Frau gar nicht interessiert ist, nennt ihn der Vater einen Tölpel und sagt ihm rundheraus, daß ein armes Mädchen niemals über seine Schwelle komme.

Ach, wenn die Mütter nicht wären! Die Wirtin wirft ihrem Mann vor, er sei ungerecht und werde mit seiner heftigen Art ganz gewiß nichts ausrichten. Sie geht ihrem Hermann nach, der tiefbetrübt davongelaufen ist. Als geschäftiges Weib stellt sie hier ein paar Obstbaumstützen zurecht, nimmt dort die Raupen vom Kohl, und so dauert es ein Weilchen, bis sie den Sohn endlich findet, der weit draußen, schon am Rande des Feldes, unter einem Birnbaum sitzt. Als sie vor ihm steht, sieht sie Tränen in seinen Augen.

»Sag, was beklemmt dir das Herz?« fragt sie erschrocken. Und Hermann entgegnet, daß der kein Herz im Leibe habe, der angesichts der Not der Vertriebenen nicht mitleiden würde. Er jedenfalls sei entschlossen, zu tun, was recht und verständig sei. Man sieht: Er spricht selbst vor der Mutter allgemein und verrätselt über das, was ihn wirklich bewegt. Doch sie kennt ihren Hermann und fragt: »Sohn, was hat sich in dir verändert und deinem

Gemüte, / Daß du zu deiner Mutter nicht redest wie gestern und immer, / Offen und frei, und sagst, was deinen Wünschen gemäß ist?« Sie ahnt, daß ihn etwas ganz Konkretes bewegt, und hofft, daß er's ihr sagt, denn eine Frau »ist geschickt, auf Mittel zu denken, und wandelt / Auch den Umweg, geschickt zu ihrem Zweck zu gelangen«.

Mein Gott, was für ein kreuzbraver Sohn ist dieser längst erwachsene Hermann! Gleich beginnt er wieder zu weinen, beteuert, daß ihm immer besonders daran gelegen war, die Eltern zu ehren, und des Vaters Worte ihn deshalb besonders schmerzen. »Alles liegt so öde vor mir: ich entbehre der Gattin.« Die Mutter sagt ihm auf den Kopf zu, daß er längst gewählt habe, und zwar das vertriebene Mädchen. Sie kehrt mit Hermann nach Hause zurück, aber Sohn und Gatte stehen sich wie zwei Felsen gegenüber; und sie überlegt, wie man ihnen die Zunge lösen und die Starrheit aus Leib und Seele jagen könne.

Pfarrer, Wirt und Apotheker sitzen noch immer zusammen, als die beiden zur Tür hereinkommen. Die Mutter führt dem Vater vor Augen, wie oft sie sich für Hermann eine Frau gewünscht hätten. »Nun ist die Stunde gekommen!« Es sei die Fremde, die er gewählt habe, und der Vater möge seinen Segen dazu geben. Sonst bliebe der Junge – wie er's geschworen – für immer ledig.

Statt des Vaters spricht der Pfarrer. Er kennt Hermann von klein auf und traut ihm zu, aus reinem Herzen recht zu wählen. Der Apotheker dagegen ist mehr für den Augenschein und will sich das Mädchen erst mal anschauen. Diesmal reagiert Hermann rechtzeitig. »Tut es, Nachbar, und geht und erkundigt Euch. Aber ich wünsche, / Daß der Herr Pfarrer sich auch in Eurer Gesellschaft befinde; / Zwei so treffliche Männer sind unverwerfliche Zeugen.«

Raffiniert eigentlich, denn der eine scheint ein Skeptiker zu sein, während der andere schon sein Vertrauen in Hermanns Entscheidung bekundet hat. Und der Vater ist ohnehin perplex, daß sich dem Sohn auf einmal die Zunge löst, die bis dahin »nur sich dürftig bewegte«! Er fürchtet auch, daß es bloß Trotz und Tränen gäbe, wenn er dagegen wäre.

Den elterntreuen Sohn erleichtert's: »Noch vor Abend ist Euch die trefflichste Tochter bescheret.« Er spannt die Pferde vor die Kutsche und fährt mit seinen beiden Zeugen frohgemut zu den Vertriebenen. Dort hat ein älterer Mann, ein Richter, wie sich herausstellt, soeben einen Streit geschlichtet. Der Apotheker empfiehlt dem Pfarrer leise, ihn zu befragen, er wolle derweil das Mädchen aufsuchen und prüfen.

Der Pfarrer erfährt, daß das Mädchen und einige Gefährtinnen vor kurzem auf der Flucht von räuberischem Gesindel überfallen worden sind. Und da hätte Dorothea doch glatt einem der Männer den Säbel entrissen, den ersten Angreifer niedergestreckt und die anderen mit bösen Hieben in die Flucht geschlagen.

Der Apotheker hat mittlerweile die junge Frau entdeckt und zieht den Pfarrer in ihre Nähe. Nun soll die Charakterprüfung beginnen. »Daß sie den Jüngling entzückt, fürwahr, es ist mir kein Wunder«, sagt der Geistliche beeindruckt, denn »sie hält vor dem Blick des erfahrenen Mannes die Probe«. Der Apotheker aber mißtraut dem Schein immer noch. Er findet, man müsse erst ein Scheffel Salz mit jemand verzehrt haben, bis man ihn gut genug kenne. Bevor er seine gesalzene Rede fortsetzen kann, tritt der Richter an ihre Seite und erzählt von Dorotheas guten Taten: Nicht nur habe sie die Ihren mit dem Schwert verteidigt, sondern auch einen Verwandten bis an seinen Tod gepflegt. Dabei ging es ihr selber nicht gut, denn ihr Bräutigam kam im revolutionären Paris ums Leben. (Ach, übrigens – sie trägt zu seinem Andenken immer noch den Verlobungsring am Finger, was für die weitere Handlung nicht ohne Belang ist!)

Die beiden Männer beglückwünschen Hermann zu seiner Wahl, aber in der Zwischenzeit sind ihm Zweifel gekommen, ob ein verarmtes Mädchen voller Stolz und Selbstbewußtsein ihr Jawort überhaupt einem wohlhabenden Manne geben würde. »Sei es, wie ihm auch sei!« setzt er schließlich tapfer seine Rede fort: »Selber geh ich und will mein Schicksal selber erfahren / Aus dem Munde des Mädchens«. Er trifft die Geliebte auf ihrem Weg zum Brunnen wieder und erbittet von ihr einen Schluck frisches Wasser aus dem Krug.

Und obwohl ihn Dorothea freundlich anblickt, findet der Gute mal wieder nicht die rechten Worte. Aus ihrem Blick liest er weniger Liebe als einen scharfen Verstand. Wie kann er da selber von Liebe reden – nein, er muß jetzt seine Worte besonders gut setzen. Und prompt geht's daneben. Er beginnt zwar offenherzig, ja offensiv: »Deinetwegen kam ich hierher! was soll ich's verbergen?« Aber dann erzählt er lang und breit, wie viele Geschäfte er und seine Eltern zu besorgen hätten. »Lange wünschte die Mutter daher sich ein Mädchen im Hause, / Das mit der Hand nicht allein, das auch mit dem Herzen ihr hülfe, / An der Tochter Statt, der leider frühe verlornen.« Dann verstummt er, bekommt grade noch ein »Verzeih mir die stotternde Rede« heraus.

Natürlich mißversteht Dorothea die stotternde Rede, weil Hermann sie zwar richtig begonnen, aber nicht eindeutig geendet hat. Sie denkt, er geniere sich, ihr, der nunmehr Verarmten, offen das Angebot zu machen, sich bei der Familie als Magd zu verdingen. Doch die Wöchnerin braucht sie nicht mehr, und Dorothea hofft auch nicht, wie andere Vertriebene, noch einmal zurückzukehren. Sie blickt tapfer nach vorn und will mit Hermann ziehen. Der merkt zwar, daß er falsch verstanden wurde, hofft aber, daß es ihm zu Hause leichter fallen wird, um sie zu werben. Mehr irritiert ihn ein Blick auf den goldenen Ring an ihrem Finger.

Als sie vom Brunnen kommen, will er ihr helfen und gleichfalls einen Krug tragen, aber die Stolze und zugleich Demütige wehrt es ihm. Ihr zukünftiger Herr soll ihr nicht dienen. Und dann kommt dieser in späteren Zeiten kopfschüttelnd zitierte Satz: »Dienen lerne beizeiten das Weib nach ihrer Bestimmung; / Denn durch Dienen allein gelangt sie endlich zum Herrschen.« Typisch Goethe? Nein, eher typisch für Goethes Zeit. Herrscherin ist ja auch sie, aber eben eine Herrscherin des Hauses.

Wie dem auch sei: Dorothea verabschiedet sich von jenen, deren Herzen sie auf der Flucht gewonnen hat, und folgt dem Jüngling, damit sie »diene daselbst den reichen, trefflichen Eltern«. Die sie verläßt, sind – weil unbeteiligt – scharfsichtiger als das Mädchen und flüstern sich zu: »Wenn aus dem Herrn ein Bräutigam wird, so ist sie geborgen.«

Unterwegs möchte Dorothea gern wissen, wie sie sich am geschicktesten verhalten soll, um bei den Eltern einen guten Eindruck zu machen. Das löst Hermann die Zunge auf eine Weise, daß er sich selber wundert. Unumwunden gesteht er ihr, daß es bei der offenherzigeren Mutter leichter sei als bei dem Vater, der doch sehr viel auf den äußeren Schein gebe.

Die Sonne sinkt, der Mond geht auf. Im Anblick des Städtchens setzen sie sich einen Augenblick nieder und schweigen gedankenverloren. Wieder versucht Hermann, ihr seine Liebe zu gestehen, wieder bemerkt er den Ring und fürchtet, sich mit seiner Werbung ein umgehendes Nein einzuhandeln. Endlich wandern sie weiter durch Feld und Weinberg, da stolpert Dorothea in der Dunkelheit und verknackst sich den Knöchel. Hermann hebt sie auf und trägt sie weiter, klopfenden Herzens ob der Nähe von Körper zu Körper. Sie verbeißt sich den Schmerz und meint, es bringe Unglück, so kurz vor dem Ziel zu straucheln. Und welcher Wirt wolle schon eine hinkende Magd?

Bekommt Goethe jetzt selber Angst, seinen Hauptgestalten könne Schlechtes widerfahren? Jedenfalls ruft er vor dem Weitererzählen alle Musen an, daß sie »auch ferner den Bund des lieblichen Paares vollenden«. Doch die Musen haben anscheinend nicht recht zugehört, denn erst mal geht schief, was nur schiefgehen kann. Zwar macht das Paar einen tiefen Eindruck auf die Anwesenden. Man bemerkt sofort die Schönheit der Frau und schnell auch ihre Bildung. »Lieber Vater, empfanget sie gut«, bittet Hermann, »sie verdient es.« Und zieht den Pfarrer flehentlich beiseite. Er möge doch mit seiner bekannten Geschicklichkeit das Mißverständnis aufklären, sie sei nur als Magd ins Haus geführt worden.

Aber zu spät. Der im Grunde gutmütige Vater fühlt sich besiegt und meint das Beste zu sagen, indem er Dorothea anerkennend Hermanns Braut nennt und fest davon überzeugt ist, daß sie nicht lange zögern werde. Dorothea aber wird rot und glaubt, man wolle sie verspotten. Sie verbirgt ihren Schmerz nicht, bewahrt freilich auch jetzt ihren Stolz. Mitleid mit der Armen habe sie erwartet, »nicht mit bitterem Spotte mir zeigen, / Wie entfernt mein Geschick von Eurem Sohn und von Euch sei«.

Nun sollte man denken, der Pfarrer eilte herbei, um das ganze Mißverständnis zu lösen. Doch verspricht er sich mehr von einem anderen Weg und beschließt, das bewegte Gemüt des Mädchens zu prüfen. Er hält ihr vor Augen, daß mit dem Dienen nicht nur Arbeit verbunden, sondern auch die Fähigkeit vonnöten sei, manches ein- und wegzustecken, Witze zum Beispiel wie der, daß halt die Männer den Mädchen gefallen. Wer freilich schon durch eine solche Harmlosigkeit zu treffen sei, der eigne sich wohl nicht zur Magd.

Jetzt scheint alles völlig verfahren. Dorothea beginnt zu weinen und tut kund, wieder zu den Flüchtlingen zurückkehren zu wollen. Nicht etwa, weil sie stolz sei, aber man möge vielleicht einmal bedenken, daß den Kranken schmerzt, was dem Gesunden nicht weh tut. Und da »fürwahr im Herzen die Neigung sich regte / Gegen den Jüngling, der heute mir als ein Erretter erschienen«, habe sie schon jetzt die Braut beneidet, die er einmal heimführen werde. Und dann dieser Spott! Ganz im stillen habe sie nämlich gehofft, zur unentbehrlichen Stütze des Haushalts zu werden und sich auf diese Weise vielleicht sein Herz zu verdienen. Nun aber erkenne sie, um wieviel ein armes Mädchen, selbst wenn es das tüchtigste wäre, von einem reichen Jüngling entfernt bleibt. »Lebet wohl! ich bleibe nicht länger; es ist nun geschehen.«

Aber noch in der Tür hält die Mutter sie fest. »Nein, ich lasse dich nicht; du bist mir des Sohnes Verlobte.« Dem Vater sind weinende Frauen ein Greuel. »Was mit ein wenig Vernunft sich ließe gemächlicher schlichten«, würden sie mit ihrem Geschrei nur verwirren. Er für sein Teil gehe zu Bett. Jetzt aber, in der höchsten Not, vermag Hermann sogar seinem Vater zu widersprechen. »Häufet nicht Angst und Verdruß; vollendet lieber das Ganze! / Denn ich möchte so hoch Euch nicht in Zukunft verehren, / Wenn Ihr Schadenfreude nur übt statt herrlicher Weisheit.«

Nur ein Tag ist vergangen, und schon hat er sich vom Schüchternen zum Liebenden, vom Verzagten zum Standfesten entwickelt. Der Pfarrer deutet die Worte Dorotheas mit Nachdruck als das beste Bekenntnis einer reinen Seele. Hermann ist jetzt auch in der Lage, ihr seine Liebe zu erklären. »Und es schaute das Mädchen mit tiefer Rührung zum Jüngling / Und vermied nicht Umarmung und Kuß, den Gipfel der Freude.« Eine rührend schöne Familienszene mit allgemeiner Umarmung schließt sich an.

Der Pfarrer streift Vater und Mutter die Trauringe ab, um sie nunmehr dem jungen Paar anzuvertrauen. Als wisse er nicht, was es mit Dorotheas erstem Ring auf sich habe, scherzt er: »Wie! du verlobest dich schon zum zweitenmal? Daß nicht der erste / Bräutigam bei dem Altar sich zeige mit hinderndem Einspruch!« Jetzt klärt Dorothea den Sachverhalt auf. »Lebe glücklich«, habe ihr einstiger Verlobter gesagt, und sie möchte auch jetzt, da ihr das Glück nahe scheine, den ersten Ring zum Andenken an ihn weitertragen. Die Vergänglichkeit all dessen, woran sie einst geglaubt – Heimat, Sicherheit und Liebe –, erschüttert sie in diesem Augenblick so tief, daß sie sich bebend auf Hermanns Arm stützt. Dann steckt sie die Ringe übereinander, den der Erinnerung und den der Hoffnung. Und Hermann findet die wunderbaren Schlußworte: »Desto fester sei bei der allgemeinen Erschüttrung, / Dorothea, der Bund! Wir wollen halten und dauern, / Fest uns halten und fest der schönen Güter Besitztum. / Denn der Mensch, der zur schwankenden Zeit auch schwankend gesinnt ist, / Der vermehret das Übel und breitet es weiter und weiter; / Aber wer fest auf dem Sinne beharrt, der bildet die Welt sich.«

Reineke Fuchs

»Pfingsten, das liebliche Fest, war gekommen; es grünten und blühten / Feld und Wald; auf Hügeln und Höhn, in Büschen und Hecken / Übten ein fröhliches Lied die neuermunterten Vögel; / Jede Wiese sproßte von Blumen in duftenden Gründen, / Festlich heiter glänzte der Himmel und farbig die Erde.« Heiter und harmlos beginnt dieses Epos, doch wenn es auch sicher Goethes humorvollstes Werk ist, so kann dieser Humor doch manchmal reichlich schwarz sein.

Um die beschriebene Jahreszeit ruft König Nobel, der Löwe, immer seine Vasallen zu Hofe. Alle sind gekommen: Isegrim der Wolf, Hinze der Kater, Henning der Hahn, Grimbart der Dachs, Braun der Bär und viele andere. Wirklich alle? Nein, Reineke Fuchs fehlt und hat auch guten Grund dazu, denn endlos ist die Zahl derer, die Klage gegen ihn führen. Grimbart, sein Neffe, versucht ihn zu verteidigen. »Feindes Mund frommt selten«, hält er dem Wolf entgegen. Und wäre der Onkel jetzt bei Hofe, so würde schon alles ins rechte Licht gerückt.

Als Beispiel berichtet er von einem Beutepakt des Wolfes mit dem Fuchs, bei dem alles redlich geteilt werden sollte. Eines Tages kam ein Fuhrmann des Wegs, den Wagen voll mit Fischen beladen. Reineke legte sich wie tot auf den Weg. Der Fuhrmann war schon drauf und dran, ihn zu erschlagen, glaubte dann aber doch, daß der Fuchs nicht mehr lebte und packte ihn voll Freude über den billigen Balg hinter sich auf den Wagen. Als die Fahrt weiterging, wurde Reineke wieder lebendig und warf die Fische heimlich, still und leise herunter. Isegrim sammelte sie auf und fraß alles bis zum letzten Heringsschwanz allein, dem Fuchs blieb nichts als die Gräten.

Ein andermal habe Reineke beim Bauern ein frischgeschlachtetes Schwein entdeckt. Wieder wollte er Gewinn und Gefahr redlich teilen, kroch ins Haus und wuchtete das Schwein mit viel Mühe aus dem Fenster. Diesmal lief's von Anfang an nicht gut, denn die Hunde des Bauern spürten ihn auf und zausten ihm gewaltig das Fell. Als der Verwundete schließlich zum Wolf kam, gab ihm dieser – »Ich habe / Dir ein köstliches Stück verwahrt; nun mache dich drüber / Und benage mir's wohl; wie wird das Fette dir schmecken!« – das Krummholz, woran das Schwein gehangen.

So bringt Grimbart allmählich Licht in das Treiben der ehrenwerten Gesellschaft und deckt mit seinen Geschichten auf, daß keiner der Kläger besser ist als der Beklagte. Nobel berät sich mit den Klügsten der Anwesenden und beschließt, den Fuchs einzubestellen, um Gericht über ihn zu halten. Braun der Bär wird ausgeschickt, und als dieser vor dem Tor von Reinekes Burg Malepartus steht, findet er sie verschlossen und ruft so laut, daß man es auch jenseits der Mauern hören kann, Reineke solle umgehend zu Nobel kommen, »denn bleibt Ihr dahinten, / Ist mit Galgen und Rad Euch gedroht«.

Als sich der Fuchs vergewissert hat, daß der Bär allein gekommen ist, tritt er vors Tor und spielt den bußfertigen Mönch, der sich nur noch von Honigscheiben ernähre und dem Gast deshalb nichts anderes anbieten könne. Der Bär hört nur »Honig«, vergißt seinen Auftrag und läßt sich von Reineke zu einem mit Keilen auseinandergetriebenen Baumstamm führen, wo Braun das Begehrte finden werde. Kaum hat der Bär Schnauze und Vorderpfoten im Stamm, zieht Reineke die Keile heraus. Der eingeklemmte Königsbote leidet Höllenschmerzen und wird noch dazu von den herbeieilenden Bauern dermaßen verprügelt, daß er nur knapp dem Tode entgeht.

Als nächster Bote wird Hinze der Kater losgeschickt. Der will erst nicht, weil er doch so viel kleiner als Braun sei. Aber der König beharrt auf seinem Willen: »Man findet / Manchen kleinen Mann voll List und Weisheit, die manchem / Großen fremd ist.« Auch Hinze wird von Reineke scheinbar herzlich begrüßt. Der Fuchs entschuldigt sich für sein Verhalten gegenüber dem Bären; der sei ihm so trotzig gekommen und habe ihm mit seiner körperlichen Stärke solche Angst eingejagt, daß er alle Pfoten voll zu tun gehabt habe, um sich seiner zu erwehren.

Wieder probiert er den Trick mit dem Essen, daß er angeblich selber nicht mag – und weiß doch genau, daß der andere danach giert; spricht wie nebenbei von seinem Nachbarn, dem Pfaffen, dessen Haus voller Mäuse sei. Und schwups! hat auch Hinze ob solcher Köstlichkeiten den Auftrag vergessen. Reineke schickt ihn durch ein Loch unterm Zaun, das er jüngst für sich selber gegraben hat, um Hühner zu stehlen. Mittlerweile aber hat der Sohn des Pfaffen eine Schlinge davor gelegt. Prompt verfängt sich der Kater und muß dazu auch noch Reinekes Gehöhne hören: »Hinze, wie schmecken die Mäuse? Ihr findet sie, glaub ich, gemästet.« Er wird übel zugerichtet, verliert ein Auge und kann erst in höchster Todesangst den Strick durchnagen und entfliehen.

Derweil besucht Reineke die schöne Wölfin Gieremund, um von ihr zu erfahren, weswegen ihn Isegrim anklagt, aber auch, um zu erproben, ob ihm die Neigung der Schönen noch immer gilt. Weil er ihre Kinder dreist »Stiefkinderchen« nennt, verfolgt sie wütend den Fuchs, der aber geschwind durch eine Spalte entwischt, in der sie selber steckenbleibt. »Ist es noch niemals geschehn«, spottet Reineke, »so mag es jetzo geschehen«, begibt sich hinter sie und nutzt die Lage lustvoll aus.

Nun wird der Neffe Grimbart zum Boten ernannt. Reineke folgt ihm und beichtet unterwegs seine Vergehen: Im Grunde habe er nur das gleiche wie andre auch getan, aber den Mächtigeren läßt man es offenbar durchgehen. In einer Welt der Wolfs- und Löwengesetze will er sich mit seinen eigenen Mitteln durchsetzen.

Bei Hofe entwickeln sich die Dinge zunächst so, wie Reineke es befürchtet hat. Die Übermacht der Ankläger ist groß, kein Trick will helfen, und so findet er sich alsbald unter dem Galgen wieder, aus dessen Schlinge – so hoffen die Widersacher – der Maulfertige diesmal den Hals nicht reden soll. Doch dann beginnt der Verurteilte eine Generalbeichte, bei der vielen die Augen feucht werden. Geschickt flicht er die Geschichte von König Emmerichs Schatz ein, der Reinekes Familie auch in Notzeiten über Wasser gehalten habe. Ein Wagen müsse wohl siebenmal fahren, um alles fortzuschaffen! Nobel wird munter: »Lasset uns deutlich vernehmen, wie diese Sache beschaffen!«

Der Fuchs hat nun wieder Zeit gewonnen und erzählt lang und breit, wie sein Vater in den Besitz des Schatzes gelangt sei und daß er ihn natürlich dem König gern überlasse. »Ihr müßt mich begleiten«, entgegnet der immer noch mißtrauische Nobel, denn er fürchtet, daß »du uns wieder belügst und solche Namen erdichtest«. Lampe, der weitgereiste Kater, kann aber bestätigen, daß es die von Reineke genannten Örtlichkeiten alle gibt. Reineke bedauert lebhaft, daß ihm das Mitreisen verwehrt sei. Nicht nur würden die Leute sagen: Da, schau her – eben noch unterm Galgen und schon wieder des Königs Gefährte! Vielmehr habe ihn der Papst in den Bann getan, und er würde bei freiem Reisen Kopf und Kragen riskieren.

Nobel entläßt ihn mit der Auflage, sich durch eine Wallfahrt von dem Bann zu lösen, und hält eine große Rede, in der er kundtut, daß Reineke verziehen sei und er ihm wieder seine Huld zuwende. Man möge ihn und seine Familie überall ehren, da er sich auf eine weite Reise begebe, bis »er vollkommenen Ablaß der sündigen Taten erlangt« habe. Braun und Isegrim hilft es nichts, daß sie sich über diese Entscheidung beschweren. Sie ziehen sich damit nur den Zorn des Königs zu, der dem Rom-Pilger als Handschuhe Isegrims Pfoten, dazu einen Ranzen aus Brauns Fell schenkt und die beiden ins Gefängnis wirft.

Gegenüber Neffe Grimbart bringt der Fuchs seine Erfahrungen auf den Punkt: »Raubt der König ja selbst so gut als einer, wir wissen's; / Was er selber nicht nimmt, das läßt er Bären und Wölfe / Holen, und glaubt, es geschähe mit Recht.« Und leitet für sich selber daraus ab: »Nun, so spiel ich halt auch mein Spiel und denke daneben / Öfters bei mir: es muß ja wohl recht sein; tun's doch so viele!«

Der Scharlatan im Fuchspelz spielt den Frommen und Niedergeschlagenen so geschickt, daß er Lampe den Hasen und Bellyn den Widder bewegen kann, vor Antritt seiner Reise noch bei ihm zu Hause vorbeizuschauen. Dort angelangt, läßt er Bellyn vor dem Tor grasen. Seiner überglücklichen Frau erzählt er, wie alles gelaufen und was ihm Nobel zum Abschied gesagt habe: daß es nämlich der Hase war, der ihn verraten habe. Das reiche ja wohl, um ihm jetzt die Kehle durchzubeißen. Gesagt, getan – und bald gibt es einen köstlichen Wiedersehensbraten für die ganze Familie. Der ahnungslose Bellyn wird von Reineke mit einem Paket zurückgeschickt, für dessen Überreichung Nobel ihn reich belohnen werde. Der Widder tut, wie ihm geheißen. Der Biber als Notar löst die Knoten und – zieht Lampes blutiges Haupt hervor. Bellyn wird zur Sühne den Wölfen und Bären zum Fraße vorgeworfen. Seit jener Zeit wüten die Wölfe unter Schafen und Lämmern und glauben sich dabei auch noch im Recht.

Das pfingstliche Fest wird zu Ehren von Wolf und Bär noch um zwölf Tage verlängert. Doch Krähe und Kaninchen stören den Frohsinn mit bitterer Klage über erneute

Schandtaten des Fuchses. Jetzt reicht es dem König. Mit all seinen Rittern will er die Burg Malepartus belagern.

Grimbart eilt voraus, den Onkel zu warnen. Reineke sorgt sich indes nicht allzusehr. »Und hätte der König mit seinem / Ganzen Rate doppelt und dreifach gelobt und geschworen: / Komm ich nur selber dahin, ich hebe mich über sie alle.« In der Tat kann er sein altes Spielchen erfolgreich wiederholen: Kaninchen und Krähe sind rasch ins Unrecht gesetzt. Daß Lampe tot sei, davon wisse er nichts, ins Ränzel von Bellyn habe er aus König Emmerichs Schatz einen Zauberring für den König und einen Spiegel nebst Kamm für die Königin getan. Offenbar habe der gierige Widder die einzigartigen Pretiosen selber an sich gerissen. Und Reineke malt aus, wozu sie nützlich gewesen wären. Der Ring hätte vor jeglicher Gefahr einschließlich Blitz und Zauberei bewahrt. Wer in den Spiegel geschaut hätte, dem seien etwaige Makel des Gesichts genommen worden. Und der herrlich geschmückte Kamm versammle eine Duftmischung in sich, die vor jeder Krankheit bewahre.

So beginnt das Spiel von vorn. Dem Fuchs werden seine Lügen um so lieber geglaubt, als der König von ungezügelter Habgier geblendet ist. Nur Isegrim gibt keinen Frieden, hat sich doch Reineke erneut an Gieremund vergangen. Der Wolf fordert den Fuchs zum Duell – eine gefährliche Sache, denn Reineke ist zwar wendig und geschwind, aber natürlich ist Isegrim viel stärker als er.

Noch immer genießt Reineke die Freundschaft so mancher bei Hofe, vor allem natürlich jener, die gleichfalls klug sind. Zu ihnen gehört die Äffin Rückenau, eine angesehene Hofdame. Sie empfielt ihm, sich den Pelz zu scheren und die nackte Haut einzufetten, bis er so richtig glitschig sei. Außerdem solle er viel trinken und das Wasser bis zum Kampf halten. Schließlich segnet sie ihn mit einem eigenartigen Spruch: »Nekräst negibaul geid sum namteflih dnudna mein tedachs!« – und wer das für Unsinn hält, braucht es nur rückwärts zu lesen.

Der Morgen des Kampfes naht. Die Kontrahenten haben ihre Sekundanten gewählt: Braun und Hinze unterstützen Isegrim, Grimbart und der Affe Moneke stehen Reineke zur Seite. Trotz aller guten Ratschläge der Äffin hat Reineke ziemliches Muffensausen.

Der Anblick des öligen Fuchses reizt den König wider Willen zum Lachen. »Allerorten kennst du ein Loch und weißt dir zu helfen.« Isegrim läßt zunächst eine Schimpfkanonade ab wie Muhammed Ali in seinen besten Zeiten. Dann aber melden sich die Wärter des Kreises zu Wort: »Ein jeglicher tue, / Was er schuldig zu tun ist! das Recht wird bald sich ergeben.«

Sofort tobt der Wolf mit gefletschten Zähnen auf Reineke los. Der aber entwischt ihm, näßt den Schwanz mit ätzendem Urin, fegt ihn durch den Sand und klatscht seinen Staubwedel dem Kontrahenten ins Gesicht. Isegrim sieht nichts mehr und reibt sich die Augen, was nichts bringt und den Schmerz nur verstärkt. Jetzt packt ihn der Fuchs an der Kehle und reißt ihm ein Auge aus. Rasend vor Schmerz springt der Wolf auf den Gegner und drückt ihn zu Boden. »Deine Stunde, Dieb, ist gekommen! Ergib dich zur Stelle, / Oder ich schlage dich tot für deine betrüglichen Taten!« Reineke versucht's wieder mit glatter Rede und flinker Zunge, aber vergeblich. Immerhin gewinnt er Zeit, schiebt seine freie Tatze zwischen die Schenkel des Wolfs und kneift ihn jählings ganz fürchterlich an »den empfindlichsten Teilen«. Isegrim beginnt daraufhin so gewaltig zu brüllen, daß ihm das Blut aus dem Halse bricht, Angstschweiß durchs Fell läuft und er sich, sozusagen, in die Hosen macht.

Der König bricht das Duell ab und erklärt Reineke zum Sieger. Dafür müsse nun aber auch Ruhe sein und dem Besiegten das Leben geschenkt werden. Erneut werden dem

Fuchs alle Untaten vergeben, ja, Nobel beruft ihn sogar in den königlichen Rat und macht ihn zum Kanzler. Als freier Mann verläßt Reineke den Schauplatz, und wenn er nicht gestorben ist, betrügt er noch bis heute. Wahrscheinlicher aber ist, daß er Nachfahren noch und noch bekommen hat.

Römische Elegien • Venezianische Epigramme

Sommer mit Faustina

Ende Oktober 1786 erreicht ein 37jähriger deutscher Dichter die Ewige Stadt. Sein ganzes bisheriges Leben scheint ihm verpfuscht. Er braucht Licht und Leben des Südens, um vielleicht doch noch so zu werden, wie er eigentlich hatte werden wollen. Die großen Bauten und Denkmale werden ihn sicher begeistern und aufrichten. Dann steht er vor ihnen und empfindet gar nichts. »Saget, Steine, mir an, o sprecht, ihr hohen Paläste! / Straßen, redet ein Wort! Genius, regst du dich nicht? / Ja, es ist alles beseelt in deinen heiligen Mauern, / Ewige Roma; nur mir schweiget noch alles so still.«

Er läßt sich durch die Stadt treiben, ein Fremder unter Fremden, beschaut sich Kirchen, Ruinen und Säulen. Später, wenn er nur noch Amors Tempel besucht, wird er über diese erste Zeit lächeln. Wenn er erkannt hat: »Eine Welt zwar bist du, o Rom; doch ohne die Liebe / Wäre die Welt nicht die Welt, wäre denn Rom auch nicht Rom.«

Einstweilen aber zieht er sich abends noch zurück in die Osteria alla Campagna beim Teatro di Marcello. »Hier stand unser Tisch, den Deutsche vertraulich umgaben«, und eine junge Witwe pflegt zu bedienen, die aller Aufmerksamkeit wert ist. 15 Jahre jünger als der Dichter ist sie, »ein bräunliches Mädchen, die Haare / Fielen ihr dunkel und reich über die Stirne herab, / Kurze Locken ringelten sich ums zierliche Hälschen, / Ungeflochtenes Haar krauste vom Scheitel sich auf«.

Faustina heißt die Schöne, aber leider scheinen Mutter

und Onkel sie nicht aus den Augen zu lassen. Doch eines Tages findet sie einen Weg, den deutschen Herrn auf sich aufmerksam zu machen. Geschickt setzt sie sich in sein Blickfeld, so daß er halb ihr Gesicht und ganz den Nacken wahrnimmt, hebt auch die Stimme ein wenig. Und als sie dann aufsteht, um ihm nachzuschenken, da vergießt sie etwas Wein. Mit dem Finger fährt sie durchs Naß, schreibt »Faustina«, schreibt »Giovanni« für Johann, die Namen verschlingen sich.

Als sie bemerkt, daß der Fremde versteht, schreibt sie noch schnell eine römische Vier und verwischt dann alles. Für Johann/Giovanni, der sich ja längst in sie verliebt hat, beginnen Stunden qualvollen Wartens. »Erst noch so lange bis Nacht! dann noch vier Stunden zu warten!« Ewigkeiten verstreichen. Da! »Glücklich! Hör ich sie schon? Nein; doch ich höre schon Drei.« Immer noch eine Stunde!

Endlich ist sie da, und eine römische Liebesnacht beginnt, wie er sie sich niemals hat vorstellen können. Faustina scheint nach der ersten Nacht beschämt, aber der Dichter beruhigt sie: »Laß dich, Geliebte, nicht reun, daß du mir so schnell dich ergeben! / Glaub es, ich denke nicht frech, denke nicht niedrig von dir.«

Die schöne Witwe macht es ihrem Geliebten auf eine Weise behaglich, wie er es bisher nicht kannte. Streicht ihm die Kümmernisse aus dem Geist und streichelt ihm Freuden unter die Haut; »sie spähet / Sorglich den Wünschen des Mannes, dem sie sich eignete, nach«. Nach dem Liebesspiel erzählt er ihr von seiner Heimat und was er auf Reisen gesehen hat. Sie freut sich an allem, was von ihm kommt, an seiner Leidenschaft und daß er nicht so geizig wie ein Römer ist, ihr neue Kleider kauft und für besseres Essen sorgt, sie sogar in die Oper einlädt. Der Onkel kommt nicht hinter die Beziehung, wohl aber die Mutter, die in dieser Hinsicht lockerer denkt. Beide »erfreun sich ihres nordischen Gastes, / Und der Barbare beherrscht römischen Busen und Leib«.

Wie läßt sich solch ein köstliches Geheimnis bewahren? Mehr als einmal ist der Fremde aus dem Norden nahe daran, sein Glück auszuplaudern. »Ach, den Lippen entquillt Fülle des Herzens so leicht! / Keiner Freundin darf ich's vertraun: sie möchte mich schelten; / Keinem Freunde: vielleicht brächte der Freund mir Gefahr.« Dann, endlich, hat der Dichter die Lösung: verraten darf er seine Liebe einzig dem Gedicht. »Dir, Hexameter, dir, Pentameter, sei es vertrauet, / Wie sie des Tags mich erfreut, wie sie des Nachts mich beglückt.«

Und er übt sich auf die denkbar sinnlichste Weise in dieser antiken Form des sechshebigen Verses, dem ein fünfhebiger folgt. »Oftmals hab ich auch schon in ihren Armen gedichtet / Und des Hexameters Maß leise mit fingernder Hand / Ihr auf den Rücken gezählt. Sie atmet in lieblichem Schlummer, / Und es durchglüht ihr Hauch mir bis ins Tiefste die Brust.« Wenn die eher prüden Freunde daheim wüßten, daß er die schönsten römischen Verse probehalber auf die Haut seiner römischen Geliebten geklopft hat – na, das gäbe einen Aufruhr!

Jetzt endlich sprechen die Steine der großen alten Stadt zu ihm, begeistert auch ihn der klassische Boden. Nicht zuletzt haben ihn die weichen Formen von Faustinas Leib darauf eingestimmt, denn »belehr ich mich nicht, indem ich des lieblichen Busens / Formen spähe, die Hand leite die Hüften hinab? / Dann versteh ich den Marmor erst recht; ich denk und vergleiche, / Sehe mit fühlendem Aug, fühle mit sehender Hand.«

Manchmal liegt der Dichter schon auf dem Liebeslager, wenn Faustina noch lange arbeiten muß, und wartet ihr entgegen. Unbegreiflich ist ihm, daß sie als Kind keinem so recht gefallen haben soll. Dann stellt er sie sich als ganz besonderes Wesen vor, das seine Vollendung erst durch Reife erlangte, etwa wie ein guter Wein. – Ah, ein Hund bellt! Endlich kommt sie! Eigentlich war ihm Hundegebell von jeher verhaßt. Jetzt aber bedeutet es freudige Nachricht und hat für ihn einen ganz anderen Klang.

Einmal zanken sie sich. Der deutsche Liebhaber hat etwas mißverstanden und wird eifersüchtig. Faustina setzt es schon zu, daß sich die Nachbarn das Maul darüber zerreißen, warum sie bereits ihr Witwengewand abgelegt habe, und jetzt ein solcher Vorwurf? – »schuldig nur bin ich mit dir!« Schon fürchtet sie, der Deutsche mache ihr die Szene, um sich auf diese Weise zu verabschieden, und beginnt zu weinen. Wie schämt er sich da, »daß Reden feindlicher Menschen / Dieses liebliche Bild mir zu beflecken vermocht!« Schnell ist der Streit beigelegt, und die Flamme der Liebe brennt heftiger als zuvor.

Faustina, von vielen Männern begehrt, weiß alle geschickt zu meiden »und kennet die Wege, / Wo sie der Liebste gewiß lauschend begierig empfängt«. Wieder liegen sie beisammen, der Deutsche und die junge Italienerin. »So erfreuen wir uns der langen Nächte, wir lauschen, / Busen an Busen gedrängt, Stürmen und Regen und Guß. / Und so dämmert der Morgen heran; es bringen die Stunden / Neue Blumen herbei, schmücken uns festlich den Tag.«

Frühling ohne Christiane

Zwei Jahre später ist der Dichter wieder in Italien, aber diesmal ist alles ganz anders. Diesmal ist er nicht freiwillig aufgebrochen, sondern im Auftrag seines Herrn. Dabei wäre er gerade jetzt lieber zu Hause bei seiner hochschwangeren Geliebten. Sie heißt Christiane und ist gleichfalls »ein bräunliches Mädchen«, der die dunklen Locken ungeflochten um den Kopf liegen.

Voller Ingrimm verwartet er die Zeit von März bis Mai in Venedig. Gewiß: »Schön ist das Land; doch ach! Faustinen find ich nicht wieder. / Das ist Italien nicht mehr, das ich mit Schmerzen verließ.« Er sehnt sich zurück: »Eine Liebe hatt ich, sie war mir lieber als alles! / Aber ich hab sie nicht mehr! Schweig, und ertrag den Verlust!« Und zugleich sehnt er sich nach Norden, zu seinem heutigen Herzlieb.

Natürlich betrachtet er in diesen Wochen die Stadt der Lagunen so gründlich wie nur je ein Besucher, mietet eine Gondel, läßt sich über den Canal Grande fahren. Aber weil er nun einmal hier ist, ohne es recht zu wollen, sieht er alles wie ein Urlauber, dessen Erwartungen höher gespannt waren, als das Pauschalreiseangebot nun einzuhalten vermag. »Deutsche Redlichkeit suchst du in allen Winkeln vergebens; / Leben und Weben ist hier, aber nicht Ordnung und Zucht; / Jeder sorgt nur für sich, mißtraut dem andern, ist eitel, / Und die Meister des Staats sorgen nur wieder für sich.«

Der Gondelaufbau mutet ihn wie ein Sarg an, das Boot selber aber wie eine sanft schaukelnde Wiege. Und schon ist er in Gedanken wieder daheim bei Christiane. Wagt es – damals sicher ein Skandal –, die schwangere Geliebte zu bedichten. Erinnert sich, wie sie anfangs, ohne die Ursache zu begreifen, über das Anschwellen ihres Halses klagte und der Gefährte sie mit den Worten beruhigte: »Dich hat die Hand der Venus berührt; sie deutet dir leise, / Daß sie das Körperchen bald, ach! unaufhaltsam verstellt. / Bald verdirbt sie die schlanke Gestalt, die zierlichen Brüstchen, / Alles schwillt nun; es paßt nirgends das neuste Gewand. / Sei nur ruhig! es deutet die fallende Blüte dem Gärtner, / Daß die liebliche Frucht schwellend im Herbste gedeiht.« Wonnig war's ihm, die Geliebte im Arm zu halten: »Wonniglicher, das Pochen des Neulebendigen fühlen, / Das in dem lieblichen Schoß immer sich nährend bewegt.« Er fühlt ungeduldiges Klopfen und Springen und verspricht dem Ungeborenen: »Widerfahre dir, was dir auch will, du wachsender Liebling – / Liebe bildete dich; werde dir Liebe zuteil!«

Weiter treibt die Gondel, vorbei am Markt, wo es Weizen, Wein und Gemüse gibt. Am Campo de Arsenal bewundert er die gewaltigen antiken Löwenstatuen, die so recht geeignet scheinen, die Seemacht Venedigs zu symbolisieren. Jedenfalls mehr, findet der Deutsche, als »der neue geflügelte Kater«, der Venedigs Patron genannt werde und überall in der Stadt herumschnurre. Mit dieser respektlosen Bezeichnung ist der Markuslöwe gemeint, wie er auf der hohen Säule neben dem Dogenpalast steht oder – gestützt aufs Evangelium – über dem Torre dell' Orologio.

Überhaupt hat man den Eindruck: wenn dieser Reisende etwas schmähen kann, dann tut er's mit grimmiger Wonne. Da gibt es zum Beispiel San Giovanni in Bragora, ein Gotteshaus mit wunderbaren Renaissancebildern. Aber natürlich kann man den klangvollen Namen ins Deutsche übersetzen und schnell einen dummen Witz drüber machen: »Sankt Johannes im Kot heißt jene Kirche; Venedig / Nenn ich mit doppeltem Recht heute Sankt Markus im Kot.«

Er hat sich doch sonst so gern in Italien unters Volk gemischt. Jetzt schwillt ihm die Ader wegen vieler Dinge. »Wenige sind mir jedoch wie Gift und Schlange zuwider; / Viere: Rauch des Tabaks, Wanzen und Knoblauch und †.« Über die allgegenwärtige Geistlichkeit ärgert er sich ebenso wie über die vielen Huren, Hürchen und lasziven Bettelmädchen. Er ist doch ein Mann, schließlich verlocken sie ihn! Stärker als seine moralische Widerstandskraft ist dann am Ende die Angst vor ansteckenden Krankheiten. Also läßt er's bleiben. Später wird man ihn fragen, ob er denn nur niedriges Volk getroffen habe. Nein, nein, verteidigt er sich: »Gute Gesellschaft hab ich gesehn; man nennt sie die gute, / Wenn sie zum kleinsten Gedicht keine Gelegenheit gibt.«

»Müde war ich geworden, nur immer Gemälde zu sehen, / Herrliche Schätze der Kunst, wie sie Venedig bewahrt.« Da kommt eine Gauklertruppe mit kleiner Menagerie gerade recht. Und waren des Dichters Augen eben noch von Bellini und Veronese ermüdet, so bestaunen sie jetzt die Kunststücke der jüngsten Artistin: »Wenn der Vater behend über dich selber dich wirft, / Du dich im Schwung überschlägst und nach dem tödlichen Sprunge / Wieder stehest und läufst, eben ob nichts wär geschehn.«

Das sind Kapriolen der unterhaltsamen Art, die Weltgeschichte aber schlägt gerade ganz andere. Seit einem Jahr nimmt die Französische Revolution immer neue, immer gewalttätigere Wendungen. Dem Dichter graut's davor. »Alle Freiheitsapostel, sie waren mir immer zuwider; / Willkür suchte doch nur jeder am Ende für sich.« Und er beginnt, sich mit Adel und Untergang auseinanderzusetzen. »Könige wollen das Gute, die Demagogen desgleichen, / Sagt man; doch irren sie sich: Menschen, ach, sind sie wie wir.«

Doch sind ihm auch die Herrscher immer etwas unheimlich. Eigentlich lastet doch übermenschliche Verantwortung auf ihnen, und je größer ihre Macht, um so größer ihre Verführbarkeit. Seinen Herzog dagegen, auch wenn der ihn zur Unzeit nach Venedig geschickt hat, liebt er. Auf ihn hat er sich immer verlassen können. »Klein ist unter den Fürsten Germaniens freilich der meine; / Kurz und schmal ist sein Land, mäßig nur, was er vermag. / Aber so wende nach innen, so wende nach außen die Kräfte / Jeder; da wär's ein Fest, Deutscher mit Deutschen zu sein.«

Nein, dieser Dichter ist durchaus kein Fürstenknecht. Oft empfiehlt er den Adligen, Frankreichs trauriges Geschick zu bedenken. Sie seien nicht schuldlos an der Schuld der Revolutionäre. Doch quält ihn diese mit jeder neuen Tagesnachricht mehr, denn »wer beschützte die Menge / Gegen die Menge? Da war Menge der Menge Tyrann.«

Die Wochen vergehen. »Und so tändle ich mir, von allen Freunden geschieden, / In der Neptunischen Stadt Tage wie Stunden hinweg.« Er schlendert durch die Stadt, ärgert sich hier, unterhält sich dort. Tote Zeit letztendlich. Zwar: »Dichten ist ein lustig Metier; nur find ich es teuer: / Wie dies Büchlein mir wächst, gehn die Zechinen mir fort.« Aber immerhin geht ihm das Dichten leicht von der Hand, freilich auch nur, weil es ihm schwer ums Herz ist: »Wißt ihr, wie ich gewiß zu Hunderten euch Epigramme / Fertige? Führet mich nur weit von der Liebsten hinweg!«

Hundertdrei dieser Gedichte hat er am Ende geschrieben und dabei immer wieder trotz aller Ärgernisse und Versuchungen Christiane vor Augen gehabt. »Oftmals hab ich geirrt und habe mich wieder gefunden, / Aber glücklicher nie; nun ist dies Mädchen mein Glück! / Ist auch dieses ein Irrtum, so schont mich, ihr klügeren Götter, / Und benehmt mir ihn erst drüben am kalten Gestad.«

Schließlich macht er aus der venezianischen Episode das Beste, was einem Dichter gelingen kann: ein Buch. Und er fährt »mit süßer Erinnrung« heim und im Hinblick auf daheim »mit Hoffnung«.

Übrigens: Es wurde ein Junge.

West-östlicher Divan

Die östliche Geschichte

Der Dichter Hatem reist durch den Orient. »Laßt mich nur auf meinem Sattel gelten! / Bleibt in euren Hütten, euren Zelten! / Und ich reite froh in alle Ferne, / Über meiner Mütze nur die Sterne.« Er ist schon in vorgerücktem Alter, hat vieles erfahren, Mädchen, Frauen und Knaben geliebt. Seine Weisheit hat ihren Niederschlag in den Büchern der »Betrachtungen«, »Sprüche« und »Parabeln« gefunden. Von den vielfältigen Seligkeiten des Eros erzählt er im »Buch der Liebe«, von seiner großen Altersliebe im »Buch Suleika«. Er hat über seinen Beruf nachgedacht (»Buch des Sängers«) und sich lyrisch dem persischen Dichter Hafis – seinem großen Freund über die Zeiten – anverwandelt. Ärgerte er sich über die Unvollkommenheiten der Welt, so schrieb er dagegen an (»Buch des Unmuts«), oder er betrank sich und schrieb auch darüber (»Das Schenkenbuch«). Langsam ist er nun in ein Alter gekommen, da er sich des Glaubens seiner Vorväter vergewissert (»Buch des Parsen«), um schließlich seine eigene Stellung im Islam zu finden (»Buch des Paradieses«).

Derb geht es zu, wenn Hatem durch die Schenken zieht, denn das muß gesagt sein: Über den Durst trinkt er doch recht häufig. Aber als wortgewandter Mensch macht er sich natürlich auch gleich einen Reim darauf: »Trunken müssen wir alle sein! / Jugend ist Trunkenheit ohne Wein; / Trinkt sich das Alter wieder zu Jugend, / So ist es wundervolle Tugend.«

Er kann zwar den alten Kellner nicht leiden, weil ihm

der, ungeachtet seines Ruhms, den Krug immer so heftig vor die Nase setzt. Aber da gibt es ja noch den jungen Schankburschen, einen ausgesprochen hübschen Kerl, der Hatem auch dann noch als großen Mann behandelt, wenn der sternhagelvoll ist oder anderntags mit Katzenjammer aufsteht. Er hat die Werke des Dichters gelesen und liebt sie. »Doch ich liebe dich noch lieber, / Wenn du küssest zum Erinnern; / Denn die Worte gehn vorüber, / Und der Kuß, der bleibt im Innern.« Zärtlich betrachtet ihn der Dichter, wenn er eingeschlafen ist und mit gelösten Gliedern vor ihm liegt. »Ich trinke noch, bin aber stille, stille, / Damit du mich, erwachend nicht, erfreust.«

Hatem liebt, was schön ist, in beiderlei Geschlecht und erinnert sich wehmütig seiner vielen Liebesabenteuer: »Wunderlichstes Buch der Bücher / Ist das Buch der Liebe; / Aufmerksam hab ich's gelesen: / Wenig Blätter Freuden, / Ganze Hefte Leiden; / Einen Abschnitt macht die Trennung.«

Dennoch hat er sich noch einmal einen Schatz errungen, keiner weiß, wer sie ist. Schon kommen die Neider: »›Wir sind emsig, nachzuspüren, / Wir, die Anekdotenjäger, / Wer dein Liebchen sei und ob du / Nicht auch habest viele Schwäger. // Denn daß du verliebt bist, sehn wir, / Mögen dir es gerne gönnen; / Doch daß Liebchen so dich liebe, / Werden wir nicht glauben können.‹«

Im »Buch der Liebe« war nur allgemein von seinen Erfahrungen mit Frauen die Rede. Das »Buch Suleika« aber ist der letzten großen Liebe gewidmet und erzählt – verborgen hinter Pseudonymen – einzig von Hatem und Suleika. Ehedem galt ihr Entzücken Jussuph, den alles auszeichnet, was Jugend begehrenswert macht. Jetzt aber sind ihre Sinne ganz auf ihn, den reifen Dichter, gerichtet. Soll er sich da nicht mit allen Sinnen ihr, der Einzigen, hingeben? »Nicht Gelegenheit macht Diebe, / Sie ist selbst der größte Dieb; / Denn sie stahl den Rest der Liebe, / Die mir noch im Herzen blieb.« Suleika hört's mit Wohlgefallen und antwortet ihm umgehend: »Hochbeglückt in deiner Liebe / Schelt ich nicht Gelegenheit; / Ward sie auch an dir zum Diebe, / Wie mich solch ein Raub erfreut!«

Verständlich, daß die neue Treue des einst so schnell Verliebten all jene ärgert, die er jetzt abblitzen läßt. Es hagelt spitze Pfeile solcher Art: »Singst du schon Suleika wieder! / Diese können wir nicht leiden, / Nicht um dich – um deine Lieder / Wollen, müssen wir sie neiden.« Aber Hatem antwortet dem Chor der Klageweibchen: »Von euch Dichterinnen allen / Ist ihr eben keine gleich: / Denn sie singt, mir zu gefallen, / Und ihr singt und liebt nur euch.«

Im Wechselgesang mit der Geliebten verrät er schließlich seine wahre Identität: »Du beschämst wie Morgenröte / Jener Gipfel ernste Wand, / Und noch einmal fühlt Hatem / Frühlingshauch und Sommerbrand.«

Denn was reimt sich auf »-röte«? »Hatem« gewiß nicht! Und damit wären wir beim zweiten Teil, betitelt:

Die westliche Geschichte

Auch sie ist voller Geheimnis, Liebesseligkeit und kleiner Wunder.

Im Juli 1814 reist Goethe in seiner Kutsche an Rhein und Main entlang. Die äußeren Gegebenheiten sind herrlich, das Wetter hochsommerlich. Endlich ist das Reisen wieder möglich, denn die Befreiungskriege sind vorbei und Napoleon nur noch »Kaiser von Elba« (ein Titel, den man ihm tatsächlich aufgenötigt hat).

Wie lange schon sind Goethe keine Gedichte mehr gelungen! Da gerät ihm die erste deutsche Gesamtübersetzung von Hafis' »Divan« in die Hände. Diese persische Dichtung aus dem 14. Jahrhundert wühlt ihn auf, »ich mußte mich dagegen produktiv verhalten, weil ich sonst vor der mächtigen Erscheinung nicht hätte bestehen können«.

Ende des Jahres hat er schon ein halbes Hundert Gedichte fertig und treibt daneben ein regelrechtes Studium der Orientalistik. In der Hafis-Lektüre hat er so vieles von sich selber wiedergefunden: die Gebundenheit an Hof und Adel, seine Lust an der Natur, an Wein und Liebe, Angst vor politischen und religiösen Eiferern, die Verbindung von Symbolischem und Anschaulichem im Gedicht, von Scherz und Koketterie mit Gedankenreichtum und tiefer Religiosität.

Auf der sommerlichen Reise hat Goethe auch den Frankfurter Bankier Willemer besucht, einen 54jährigen Mann, der wenige Wochen später seine 29jährige Ziehtochter Marianne, eine Frau von lebenssprühender Schönheit, heiratet. Der Dichter ist tief von ihr beeindruckt, und als er im Jahr darauf die Willemers wieder besucht, lodert zwischen beiden eine unerwartet heftige und tiefe Leidenschaft auf.

Goethe schenkt Marianne die gleiche Ausgabe der »Divan«-Übersetzung, die auch er besitzt, und sie erfindet das Chiffren-Spiel: Briefgedichte werden zusammengesetzt aus den Hinweisen auf Band-, Seiten- und Verszahl. So bedeutet ein rätselhaftes »404 19 – 20«: »Lange hat mir der Freund schon keine Botschaft gesendet, / Lange hat er mir Brief, Worte und Gruß nicht gesandt.« Getarnt als persischer Dichter, frohlockt Goethe über dieses Geheimnis: »Mir von der Herrin süße / Die Chiffer ist zur Hand, / Woran ich schon genieße, / Weil sie die Kunst erfand. / Es ist die Liebesfülle / Im lieblichsten Revier, / Der holde, treue Wille / Wie zwischen mir und ihr.«

Noch ein weiteres Spiel beginnt, das dann als einzigartiges Zeugnis in die Weltliteratur eingehen wird. Goethe erfindet für die von ihm auch sonst geschätzte lyrische Wechselrede das orientalische Liebespaar Hatem und Suleika. Was indessen lange niemand wußte: Aus Marianne, der gefälligen Gelegenheitsdichterin, wird unter dem heftigen Anprall ihrer Gefühle eine Lyrikerin, deren Gedichte denen Goethes in nichts nachstehen – sechs davon nimmt er in seinen »Divan« auf. Sie finden sich im »Buch Suleika«, in dem Marianne schon durch ihre bloße Existenz »manches angeregt, veranlaßt und erlebt« hat. Beide haben sich nach 1815 nicht mehr gesehen, nur noch geschrieben. Drei Wochen vor seinem Tod schickt Goethe alle Briefe Mariannes in einem versiegelten Paket an sie zurück.

Erst Jahrzehnte später erfährt die Welt von der west-östlichen Affäre. Die mittlerweile betagte Dame hat sie dem jungen Germanisten Herman Grimm – einem Sohn des »Märchen-Bruders« Wilhelm – erzählt. Noch immer gerät sie ins Schwärmen, wenn die Rede auf Goethe kommt, denn »wenn sich die Strahlen seines Geistes in seinem Herzen conzentrierten, das war eine Beleuchtung, die einen eignen Blick verlangte, es war wie Mondlicht und Sonnenlicht, eines nach dem andern, oder auch wohl zugleich, und daraus erklärte sich auch jenes Wundervolle seines Wesens«.

Suleika
Ach, um deine feuchten Schwingen,
West, wie sehr ich dich beneide:
Denn du kannst ihm Kunde bringen,
Was ich in der Trennung leide!

Die Bewegung deiner Flügel
Weckt im Busen stilles Sehnen;
Blumen, Augen, Wald und Hügel
Stehn bei deinem Hauch in Tränen.

Doch dein mildes sanftes Wehen
Kühlt die wunden Augenlider;
Ach, für Leid müßt ich vergehen,
Hofft ich nicht, zu sehn ihn wieder.

Eile denn zu meinem Lieben,
Spreche sanft zu seinem Herzen;
Doch vermeid, ihn zu betrüben,
Und verbirg ihm meine Schmerzen.

Sag ihm aber, sag's bescheiden:
Seine Liebe sei mein Leben,
Freudiges Gefühl von beiden
Wird mir seine Nähe geben.

»AUS MEINEM LEBEN«

Dichtung und Wahrheit

»Auf vielfachen Wunsch eines einzelnen Herrn« ist schon manches Tänzchen intoniert worden, selten jedoch eine Autobiografie der deutschen Literatur entstanden. Goethe aber stellt seinen Erinnerungen die Bitte eines anonymen Brieffreundes voran: Es wäre doch schön, schreibt der Unbekannte, wenn die eben erschienene 12bändige Werkausgabe noch um eine chronologische Lebens- und Gemütsbeschreibung ergänzt würde. Damit ließe sich das Verschiedenartige der Werke erklären und in einem biografischen Rahmen zusammenfassen; schließlich solle der Schriftsteller »bis in sein höchstes Alter den Vorteil nicht aufgeben, sich mit denen, die eine Neigung zu ihm gefaßt, auch in die Ferne zu unterhalten«.

Goethe gibt dem Drängen dieses Herrn nach. Der Witz an der Geschichte ist, daß er diesen Brief selber geschrieben hat. Die jahrelange Arbeit an »Dichtung und Wahrheit« aber lohnt sich, denn er wird damit postum der wirkungsvollste Werbemanager in eigener Sache. Gerade noch rechtzeitig stilisiert er sein Leben so zurecht, wie er von den Mit- und Nachlebenden gern gesehen werden möchte. Da werden Ein- und Ansichten aus den Archiven der Altersweisheit gegeben, aber auch charmante Klein-Erinnerungen, die uns sein Zeitalter noch einmal nahebringen. Schönes wechselt mit Zähem.

Manchmal erzählt Goethe in epischer Breite von Dingen, die nun wirklich keinen mehr interessieren, während er gleichzeitig von anderem schweigt, was die Nachwelt noch immer beschäftigt. Und, natürlich, bedeutend und repräsentativ soll es zugehen. Da spiegelt sich ein Großer in seiner Zeit, will zeigen, wie sie auf ihn und er auf sie gewirkt hat. Alles, was »von mir bekannt geworden, [sind] nur Bruchstücke einer großen Konfession, welche vollständig zu machen dieses Büchlein ein gewagter Versuch ist«.

Die letzte Ehrlichkeit gelingt ihm freilich selten. Wenn es an sein Innerstes geht, pflegte sich Goethe mit zunehmendem Alter hinter allgemeingültigen Sinnsprüchen zu verstecken, behagliche Schilderungen auszubreiten oder eine gutgelaunte Anekdote zu erzählen. Nur in einer unveröffentlichten Notiz zur großen Selbstdarstellung gesteht er sich seine Schwächen einmal rückhaltlos ein: Er nehme immer zuviel in Angriff und sei für jede Art technisches Geschäft untauglich; wo andere sich einfach behelfen könnten, brauche er den großen Plan, andererseits sei er immer wieder vorschnell in Entschlüssen wie Antworten, finde seine Taten dann von Reue bedrängt, sein Handeln von Sorge begleitet.

»Dichtung und Wahrheit« ist wie eine unvollendete Straße: Erst kommen zwanzig gut ausgebaute Abschnitte, auf denen das Reisen immer wieder Freude macht. Dann holpern wir übers Feld, weil nicht weitergebaut wurde. Anschließend geht es eine wunderbare Strecke Wegs durch die schönsten Landschaften Italiens. Schließlich folgen noch ein paar unverbundene, aber vielversprechende Routen durch deutsche und französische Gegenden, und zum Schluß geht es über eine entsetzliche Holperstraße dritter Ordnung mit dem Namen »Tag- und Jahreshefte«.

Halten wir also an ein paar attraktiven Wegmarken. Da erinnert sich beispielsweise der mittlerweile 62jährige mit sichtlichem Vergnügen an eine Schulrauferei des Siebenjährigen, bei der er drei Kameraden gleichzeitig besiegte. Beschreibt ausgesprochen spannend, wie er mit vierzehn

Jahren in schlechte Gesellschaft gerät und mit seiner damals schon flinken Feder in aller Arglosigkeit Briefe und andere Schriftsätze verfaßt; auf einmal aber ist »von nichts Geringerem als nachgemachten Handschriften, falschen Testamenten, untergeschobenen Schuldscheinen und ähnlichen Dingen die Rede«. Amüsiert sich später selbstironisch über Eifersuchtsattacken, die er als Leipziger Student erlitt.

Die erste große Liebe gilt dann der Sesenheimer Pfarrerstochter Friederike. Noch dem alten Mann geraten die ihr gewidmeten Kapitel so stimmungsvoll und genau, daß sie ein erzählerisches Juwel darstellen und kaum ein Leser sich der Gerührtheit erwehren kann. Und doch verschränken sich hier Dichtung und Wahrheit auf wunderlich komplizierte Weise. Neuere Forschungen gehen so weit, zu behaupten, die erste Begegnung mit Friederike sei nachweislich erfunden und viele der unmittelbar anschließenden Episoden ausgesprochen irreführend. Aber lieber lassen wir uns doch eine anrührende Wahrheit erzählen, als daß wir uns bei einer tiefer gründenden langweilen. Oder um mit Goethe zu reden: »Das wirkliche Leben verliert oft dergestalt seinen Glanz, daß man es manchmal mit dem Firnis der Fiktion wieder auffrischen muß.«

Ein andermal muten uns die geheimrätlichen Überlegungen wieder sehr weltfremd an. »Was mir in Wetzlar begegnete, ist von keiner großen Bedeutung«, schreibt der Alte doch tatsächlich, »aber es kann ein höheres Interesse einflößen, wenn man eine flüchtige Geschichte des Kammergerichts nicht verschmähen will, um sich den ungünstigen Augenblick zu vergegenwärtigen, in welchem ich daselbst anlangte.«

Nein, das Kammergericht interessiert uns herzlich wenig. Weder flüchtig noch gar so ausgiebig, wie diese veraltete Institution dann tatsächlich beschrieben wird. Uns interessiert, wie das mit Charlotte Buff wirklich war. »Werthers Echte« kommt einfach zu kurz, aber Goethe will es erklärtermaßen so. Es liegt ihm nicht daran, die »verdüsterten Seelenkräfte« von einst noch einmal zu durchleben, und bei den »lieblichen Verhältnissen« gelingt es nicht mehr. Es wird ihm wohl auch noch immer in den Knochen stecken, wie sehr das Werther-Fieber einst die Freunde in den Mittelpunkt allgemeinen Interesses gerückt und verunsichert hat.

Wofür sich seine Leser wirklich interessieren, das hatte schon der 25jährige falsch eingeschätzt, als er im Roman die Fußnote setzte: »Der Leser wird sich keine Mühe geben, die hier genannten Orte zu suchen; man hat sich genötigt gesehen, die im Originale befindlichen wahren Namen zu verändern.« Und ob sich der Leser Mühe gegeben hat! Längst sind alle Ziele dechiffriert und zu literarischen Wallfahrtsorten erkoren.

Goethes Erinnern – und damit das Niederschreiben – gehorcht immer wieder einer eigentümlichen Mechanik, die er »wechselseitige Spiegelung« nennt: Wenn ihm gerade etwas widerfährt, das einem Jugenderlebnis entspricht, kommt er bei der Schilderung des betreffenden Abschnitts gut voran. Die Niederschrift der zu Herzen gehenden Passagen über seine 17jährige Verlobte Lili zum Beispiel beginnt er nach der Begegnung mit seiner letzten großen Liebe, der 17jährigen Ulrike von Levetzow.

Mitunter sind dem Alten Dinge sehr wichtig, die es dem Jungen ganz sicher nicht waren. Ein Beispiel: Während der Niederschrift wurde der 62jährige gesprächsweise in die geistige Welt des Katholizismus eingeführt. Kurz darauf baut er einen Abschnitt über protestantischen Kultus und katholische Sakramente in das Kapitel ein, das er gerade in Arbeit hat – die Leipziger Studentenzeit. Damals wird ihm das Thema sicher ferngelegen haben. Jetzt paßt es hervorragend als Bindeglied zwischen einem Todesfall und der Charakterisierung des hochmoralischen Dichter-Professors Gellert.

Aus Goethes Frühzeit stammen viele unvollendete Werke, die er nun im Rahmen seiner Erinnerungen nach- und zu Ende erzählt, um »das Andenken verlorner und verschollener Wagnisse zu erhalten«. Ein geistiges Großreinemachen, bei dem es fast den zweiten Teil des »Faust« erwischt hätte. Das Konzept für die Inhaltsangabe war schon fertig!

Von Buch zu Buch schreibt der Dichter immer mehr eine Kulturgeschichte namens »Goethe«. Er begann »sich selbst historisch zu werden«. Man sollte nie vergessen, daß sich hier ein alter Mann an einen jungen erinnert. Goethe war 60 Jahre, als er von seiner Geburt erzählte; 62, als er mit der Schilderung des Leipziger Studiums begann; 63, als er die Liebe im Elsaß beschreibt (und die in Wetzlar unter den Tisch kehrt). In einem Zeitraum von zehn langen Jahren voller Neuansätze brachte er schließlich das letzte Buch zuwege, das nur noch ein einziges Jahr – 1775 – schildert. Wie oft mag dem Alten nicht mehr gefallen haben, was der Junge gedacht hat? Entwicklung schließt Inkonsequenzen ein, Peinlichkeiten, Versagen, Ängste. Aber wer so mit dem Wort umzugehen versteht wie Goethe, kann spätere Lebensdeutung leicht auf die frühere übertragen, Brüche harmonisieren und Vorwissen nachreichen. Uminterpretieren. Elegant verschweigen.

»Dichtung und Wahrheit« endet mit dem nächtlichen Aufbruch nach Weimar. Der Schlußsatz stammt aus dem »Egmont«. Schwer vorstellbar, daß er in irgendeiner Inszenierung beeindruckender eingesetzt worden wäre als hier, wo er als hochdramatisches Selbstzitat erscheint: »Wie von unsichtbaren Geistern gepeitscht, gehen die Sonnenpferde der Zeit mit unsers Schicksals leichtem Wagen durch, und uns bleibt nichts, als mutig gefaßt die Zügel festzuhalten und bald rechts, bald links, vom Stein hier, vom Sturze da, die Räder abzulenken. Wohin es geht, wer weiß es? Erinnert er sich doch kaum, woher er kam.«

Dann die große Lücke. Über die spannenden ersten

»Aus meinem Leben«

zehn Jahre in Weimar: kein Wort! Geplant war da etwas, denn es gibt eine Skizze mit so vielversprechenden Stichworten wie: »Erstes Tolles«, »Mangel, etwas Positives zu begreifen«, Mißgriffe«, »Hindernisse«, »Feinde außen«, »– im Busen«. Es scheint, als sei da allerhand im Umbruch gewesen und der Dichter hätte wieder einmal tiefer in sich hinabschauen müssen, als ihm lieb gewesen sein dürfte. Auch läßt sich natürlich von weiter zurückliegenden Zeiten leichter erzählen als von Personen, mit denen man noch jeden Tag bei Tische sitzt.

Was folgt, sind einzelne, in sich gerundete Kapitel, sind die sturzlangweiligen »Tag- und Jahreshefte«, in denen sich nur noch vereinzelte erzählerische Perlen finden. Bleibt einzig und allein – den Zeitraum von September 1786 bis April 1788 ausfüllend – die »Italienische Reise«.

Italienische Reise

Nicht wenige lieben dieses Buch Goethes vor allen anderen. Sie nehmen die vertraute zerlesene Ausgabe immer wieder auf ihre Reisen in den Süden mit, legen Fahrkarten und getrocknete Blumen als Lesezeichen ein. Es steht ja auch hier wieder viel Gescheites über Pflanzen, Steine, Witterung, Museums- und Kirchenbesuche, aber das ist sicher nicht der Grund für die Beliebtheit der »Italienischen Reise«. Vielmehr sind es die hochlebendigen Schilderungen vom Leben hier und von den Menschen, die er kennenlernt. Zudem ist es die Geschichte eines nicht mehr ganz jungen Mannes mitten in der Lebenskrise. Und schließlich wird immer wieder von geradezu abenteuerlichen Begebnissen erzählt.

Dreimal klettert Goethe im März 1787 auf den Vesuv. Beim ersten Mal verliert er den Führer. Beim zweiten Mal erlebt er auf der Spitze des Kegelbergs einen Ausbruch. »Erst ein gewaltsamer Donner, der aus dem tiefsten Schlunde hervortönte, sodann Steine, größere und kleinere, zu Tausenden in die Luft geschleudert, von Aschenwolken eingehüllt.« Mit dem jüngsten Führer wagt er sich noch weiter vor, über das glühende Geröll, bis an den ungeheuren Abgrund. »Auf einmal erscholl der Donner, die furchtbare Ladung flog an uns vorbei, wir duckten uns unwillkürlich, als wenn uns das vor den niederstürzenden Massen gerettet hätte.« Die Kunde von neu aufbrechender Lava reizt ihn, den Vesuv abermals zu besuchen, »die Schlacken rollten regelmäßig an den Seiten herunter bis zu unsern Füßen. Durch einige Lücken des Kanals konnten wir den Glutstrom von unten sehen und, wie er weiter hinabfloß, ihn von oben beobachten.«

Überhaupt läßt sich die italienische Reise als »ein einzig Abenteuer« schildern. Das beginnt im Grunde schon am Gardasee, als er ein Schloß zeichnet und ihn die Einwohner deswegen als vermeintlichen Spion angreifen. In der Sixtinischen Kapelle, wohin man damals nur gegen ein gutes Trinkgeld für den Kustoden kam, betrachtet er bei großer Augusthitze die Fresken Michelangelos, gibt dann aber irgendwann der großen Mittagsmüdigkeit nach, setzt sich und schläft ein. Wenn in diesem Moment der Papst eingetreten wäre, hätte er seinen Platz neben dem Altar von einem protestantischen Deutschen besetzt gefunden. Die Weiterungen lassen sich unschwer vorstellen.

In Messina muß sich Goethe einem uralten, jähzornigen Gouverneur vorstellen, der Fremden damit droht, sie »in Verwahrung zappeln zu lassen«. Er selber kommt zwar mit einer Einladung zur Tafel davon, aber nach der rüden Abfertigung dessen, der vor ihm empfangen wurde, hat er nicht die geringste Lust, »dieser Löwenhöhle je wieder nah zu treten«.

Sizilien wird ihm – und damit uns! – ein Fest der Sinne und Gedanken. Nicht nur die vulkanischen Abenteuer dort lesen sich faszinierend, hier fließt alles in einer rundum geglückten Erzählung zusammen: Autobiografie, Reflexion, Reisebeschreibung.

Aber wieder ist zu bedenken: Das Erinnerungswerk wurde zwar zu großen Teilen aus überarbeiteten Reisebriefen zusammengestellt, die neuen Passagen aber erst geschrieben, als alle Eindrücke schon 27, später 30 und in den letzten Kapiteln gar 41 Jahre zurücklagen! Auch hier vertröpfelt der Erinnerungsstrahl gegen Ende ein wenig, werden separat erschienene Beiträge – zum Beispiel über den römischen Karneval – eingebaut.

Aber selbst dann hält der alte Magier noch einige Kunststückchen bereit. Etwa die Beschreibung des letzten römischen Vollmonds, der ihn so tief berührt, daß er damit seinen Reisebericht schließt, denn »ein Zauber, der sich dadurch über die ungeheure Stadt verbreitet, so oft empfunden, ward nun aufs eindringlichste fühlbar. Die großen Lichtmassen, klar, wie von einem milden Tage beleuchtet, mit ihren Gegensätzen von tiefen Schatten, durch Reflexe manchmal erhellt, zur Ahnung des Einzelnen, setzen uns in einen Zustand wie von einer andern, einfachern, größern Welt.«

ANHANG

»Mein Leben ein einzig Abenteuer«

Als Goethe am 28. August 1749 in der freien Reichsstadt Frankfurt am Main auf die Welt kam, war er blau vor Atemnot, und keiner hätte auch nur einen Pfifferling dafür gegeben, daß er am Leben bleiben würde. Keiner hätte sich damals vorstellen können, daß aus ihm ein sportlicher und hochproduktiver Mann werden würde, dem fast 83 Jahre beschieden waren – und das trotz mancher lebensbedrohender Krankheit: Blutsturz, Lungenaffektation, Gesichtsrose, Gehirnhautentzündung, Herzbeutelentzündung, Herz- und Kreislaufstörungen und zwei Herzinfarkte. Als er stirbt, umfaßt sein Werk nicht weniger als 158 Einzelveröffentlichungen. Darüber hinaus hat man auch seine Zeichnungen, Briefe, Gespräche und ministerialen Verwaltungsschriften in vielen Bänden herausgegeben. Und schließlich sei nicht vergessen, daß er einer der größten Reisenden seiner Zeit war: 40000 km hat er insgesamt zurückgelegt. Was für ein Mensch!

Goethe war weder ein Duckmäuser noch ein Wunderknabe. Er hat sich in der Spielschule geprügelt, war im Leipziger Jurastudium (1765–1768) eher Freunden und Freundinnen zugetan, dem Trinken, Tanzen, Theaterbesuchen und der Poeterei, als daß er sich groß um Vorlesungen gekümmert hätte. Bei einer Liebelei gerät er in ein solches Gefühlsdurcheinander, daß man es ihm gerne glaubt, wenn er den Sturz von einem durchgehenden Pferd (»aufgestoßnes Kinn, eine zerschlagne Lippe, und ein geschellertes Auge«) zu den kleineren Schäden rechnete. Freilich ließ die Quittung nicht lange auf sich warten: »Eines Nachts wachte ich mit einem heftigen Blutsturz auf und hatte noch so viel Kraft und Besinnung, meinen Stubennachbarn zu wecken.« Tagelang schwankt er zwischen Leben und Tod. An seinem 19. Geburtstag kehrt er als ein »Schiffbrüchiger« heim ins Elternhaus.

Als er wieder genesen ist, studiert er in Straßburg weiter. Aber was heißt schon studieren? Es reicht mal gerade zu einer Promovierung als Lizentiat der Rechte, eine Art Schmalspurjurist. Jemand, der den nicht selten Hochfahrenden damals erlebt hat, war übrigens der festen Überzeugung, Goethe habe »in seinem Obergebäude einen Sparren zuviel oder zuwenig«.

Im elsässischen Dörfchen Sesenheim lernt er Pfarrer Brion kennen und ist fasziniert von dessen Tochter Friederike. Sooft er kann, reitet der rasch Verliebte zu ihr. Das Glück dauert von Oktober 1770 bis August 1771. Dann geht's wieder nach Frankfurt. Erst dort wagt er Friederike zu schreiben, daß der letzte Abschied ein endgültiger war. Goethe war dem Dilemma zwischen Bindung und Freiheit einfach noch nicht gewachsen. Aber die elsässische Liebe hat ihn Gedichte schreiben lassen, die zum erstenmal den neuen, ganz und gar unverwechselbaren Ton erkennen lassen.

Seine Arbeit als Verteidiger läßt sich zunächst gut an. 28 Prozesse führt der Temperamentvolle und Beredte zwischen 1771 und 1775, aber die letzten werden im wesentlichen vom Vater vorbereitet. Immerhin hat Goethe bei seiner Arbeit so vielen Leuten aufs Maul schauen müssen, daß er davon profitieren kann für das, was damals vom »Faust« entsteht, und für den »Götz von Berlichingen«.

Langsam beginnt er sich durchzusetzen. Die erste Auflage des endlich fertiggestellten »Götz von Berlichingen«, auf eigene Kosten gedruckt, war ein Achtungserfolg, aber kein Geschäft. Die zweite bringt dann den Durchbruch. Allerdings hat Goethe sie für die Aufführung von einigen Kraftausdrücken gereinigt: »Mußt all' die garstigen Wörter lindern; / Aus Scheißkerl Schurk, aus Arsch mach Hintern.«

Mittlerweile arbeitet er an einer ganzen Reihe von Werken

gleichzeitig, und unbemerkt fängt in dieser Fülle, im Springen von Plan zu Plan etwas an, was ihn sein ganzes Leben begleiten wird: das Ineinandergreifen vieler gleichzeitiger Projekte. Sie werden begonnen, liegengelassen und wieder begonnen. Für den »Faust« hat er auf diese Weise eine Zeitspanne von 59 Jahren gebraucht. Ist seine Jugend von lauter Außerdem und Nebenher bestimmt, werden die letzten Lebensjahrzehnte von einer gewaltigen Anstrengung des Abschließens beherrscht.

1772 trägt sich Goethe auf Drängen seines Vaters als Rechtspraktikant am Reichskammergericht zu Wetzlar ein. Hier lernt er die 19jährige Charlotte Buff kennen. Er tanzt mit ihr und spürt schon bald, daß er sich wieder einmal verliebt hat. Aber war da nicht ein Verlobter, Johann Christian Kestner mit Namen, der ältere Ansprüche hatte? Zunächst scheint die Freundschaft zu dritt noch zu funktionieren. Eines Nachts aber schreibt er ein Zettelchen an Kestner (»euer Gespräch hat mich aus einander gerissen. Ich kann Ihnen in dem Augenblick nichts sagen, als leben Sie wohl«) und an Charlotte auch eins (» Ich binn nun allein, und darf weinen«). Morgens ist er verschwunden.

Aus seiner Liebe, seinen Schmerzen erwächst der Roman »Die Leiden des jungen Werthers«. Das Buch entwickelt sich schnell zu einem europäischen Erfolg. Offenbar hat die traurige Geschichte genau den Zeitnerv getroffen. Vergleichbares sollte dem Autor nie wieder in seinem Leben gelingen.

Im September 1775 lernt er Carl August, den Erbprinzen von Sachsen-Weimar-Eisenach, kennen und wird von ihm nach Weimar eingeladen. Was als Besuch gedacht war, entwickelt sich zum lebenslangen Aufenthalt. In der Residenz des kleinen Herzogtums wohnen außer Goethe auch Wieland, Herder und Schiller, weshalb sie uns heute als Synonym für die deutsche Klassik schlechthin gilt.

Schon im Februar 1776 weiß Goethe: »Ich werd auch wohl dableiben und meine Rolle so gut spielen als ich kann und so lang als mir's und dem Schicksal beliebt.« Da ist seine Freundschaft zum Herzog und die bald schon überhandnehmenden Staatsgeschäfte, ist das Gartenhaus an der Ilm, das ihm Carl August im ersten Weimarer Frühling geschenkt hat. Und schließlich die alles überstrahlende Liebe zu Charlotte von Stein, einer verheirateten, um sieben Jahre älteren Hofdame, bei der ihn das »Bravsein« oft schwer genug ankommt. Alles Bindungen und Verpflichtungen, die ihn ganz allmählich tief verwandeln.

Als Geheimer Rat arbeitet er mit großem Eifer im Beratergremium des Herzogs mit und hat in den ersten zehn Jahren an rund 500 Sitzungen teilgenommen. Doch neben wenigen großen Gedichten wie »Harzreise im Winter«, »Grenzen der Menschheit«, »Das Göttliche« und einigen wunderbaren Briefgedichten an Frau von Stein absolviert er fast nur noch literarische Pflichtübungen für den Hof oder das Weimarer Liebhabertheater.

1784 findet Goethe bei seinen naturwissenschaftlichen Studien den bis dahin nur beim Tier festgestellten Zwischenkieferknochen auch beim Menschen. Die Entdeckung befriedigt ihn zutiefst, weil er jetzt ein weiteres Zeugnis dafür besitzt, daß »iede Kreatur nur ein Ton eine Schattirung einer grosen Harmonie« ist. Längst ist neben seine Lust am Dichten und die Kraft, sich in jede nur denkbare Verwaltungsmaterie einzuarbeiten, auch die große Freude getreten, alles, was ihm die Natur vor Augen führt, zu ordnen, zu beschreiben und in einen Zusammenhang zu bringen. Sein lebenslanges Interesse für die Phänomene der Optik hat in großen Werken seinen Niederschlag gefunden. Ob Fossilienkunde oder Witterungslehre, Metamorphose der Tiere und Pflanzen – kein Gebiet entgeht seinem begeisterten Forschen.

Mit dieser Freude steckt er selbst die kühle Charlotte an. Gleichwohl bleibt ihre Beziehung immer kompliziert, immer schwankend zwischen dem Sie und dem Du. Die Liebe zu ihr erlaubt es Goethe, weil körperliche Erfüllung von vornherein verwehrt ist, alle Register seines Empfindungslebens zu ziehen:

vom flammenden Gefühlsausbruch bis zur äußersten Zurückhaltung, von fröhlicher Koketterie bis zu der tiefempfundenen Vorstellung, auf eine besondere Weise mit ihr verheiratet zu sein.

Doch es kommt der Moment, da der 37jährige spürt: »Ich bin wie ein Baumeister der einen Turm aufführen wollte und ein schlechtes Fundament gelegt hatte, er wird es noch bei Zeiten gewahr und bricht gerne wieder ab.« Auf einmal ist er fort, und keiner weiß, wohin. »Ich habe nur eine Existenz«, wird er Anfang 1787 an die verletzte Charlotte von Stein schreiben, »diese hab ich diesmal ganz gespielt und spiele sie noch. Komm ich leiblich und geistlich davon, überwältigt meine Natur, mein Geist, mein Glück, diese Krise, so ersetz ich dir tausendfältig was zu ersetzen ist. – Komm ich um, so komm ich um, ich war ohnedies zu nichts mehr nütze.«

In großer Eile reist er gen Süden, gerade daß er sich zwei Wochen in Venedig aufhält. Seine Sehnsucht gilt Rom, wo er unter Malern lebt und seine künstlerischen Fähigkeiten systematisch entwickelt. Er arbeitet glücklich und besessen und bringt am Ende rund 850 Zeichnungen und Aquarelle nach Hause mit. Vor allem aber kann sich sehen lassen, was er literarisch in Italien geschaffen hat: »Iphigenie«, »Egmont«, der nahezu vollendete »Tasso« – nicht weniger als drei seiner wichtigsten Dramen überhaupt!

Das Wiedereinleben in Weimar nach fast zweijähriger Abwesenheit fällt Goethe schwer. Einige der engsten Beziehungen von ehedem sind abgekühlt. Aber drei Wochen nach seiner Heimkehr lernt er die 23jährige Christiane Vulpius kennen, und aus dieser Begegnung wird alsbald Liebe. Christiane stammt aus einer armen Familie und mußte schon früh arbeiten. Als die Weimarer erst einmal merken, wem die Zuneigung des herzöglichen Günstlings gilt, ergießen sich Neid und Mißgunst über die einfache und lebenslustige Person. Aufgemuntert durch das Erlebnis Italien und die Liebe zu Christiane, entstehen 1788 die ebenso formvollendeten wie freizügigen »Römischen Elegien«.

Als sie Jahre später in Schillers »Horen« erscheinen, wirft der Gymnasialdirektor von Weimar dem Werk »bordellmäßige Nacktheit« vor.

1792 holt die Revolution den allzeit ordnungsliebenden Goethe ein. Als Begleiter Carl Augusts nimmt er an der Kampagne in Frankreich teil, erlebt das Elend des Krieges und am 22. September die Kanonade von Valmy, jene Schlacht, die den Sieg der Franzosen einleitet. Ob er es wirklich schon am Lagerfeuer gesagt hat oder ob es ihm erst bei der späteren Niederschrift seiner »Kampagne in Frankreich« (1822) einfiel, ist vielleicht gar nicht so wichtig: Das Wort »Von hier und heute geht eine neue Epoche der Weltgeschichte aus, und ihr könnt sagen, ihr seid dabeigewesen« wird jedenfalls geflügelt. Weit weniger pathetisch schrieb er damals an Familie Herder: »Ich eile nach meinen mütterlichen Fleischtöpfen, um dort wie von einem bösen Traum zu erwachen, der mich zwischen Kot und Not, Mangel und Sorge, Gefahr und Qual, zwischen Trümmern, Leichen, Äsern und Scheißhaufen gefangen hielt.«

Ende Juli 1794 schließt sich an eine Sitzung der Naturforschenden Gesellschaft in Jena ein Gespräch mit Schiller an, das Goethes Zuneigung zu dem zehn Jahre Jüngeren begründet und aus der sich binnen kurzem eine intensive Arbeitsfreundschaft entwickelt. In Schillers »Horen« wird jetzt immer wieder etwas von Goethes neuen Arbeiten veröffentlicht.

Mit dem Roman »Wilhelm Meisters Lehrjahre« (1796) gewinnt der mittlerweile 47jährige die Bewunderung einer neuen literarischen Generation, der deutschen Frühromantiker. Sie begeistert der Gedanke, daß nicht irgendwelche Schulen, sondern das Leben selbst der Lehrmeister des Helden ist. Beim großen Publikum indessen bleibt Goethe als Dichter nur mehr ein ehrfurchtgebietender Name. Doch langsam erobert er sich verlorenes Terrain zurück. Das Epos »Hermann und Dorothea« (1796) wird vielleicht deshalb ein Erfolg, weil es bürgerliche Tugenden wie Verantwortung und soziales Engagement einklagt und gleichzeitig voller Spitzen gegen geistige Enge ist. Selbst der Verleger hatte nicht geglaubt, daß sich dies Buch so gut verkaufen würde.

Eine alte Lebensvorstellung Goethes nimmt festere Umrisse an. »Sie wissen wie symbolisch mein Dasein ist«, schrieb schon der 28jährige an Charlotte von Stein. Diese Idee wird ihn jetzt immer mehr beschäftigen und in den berühmten Versen gegen Ende des »Faust« gipfeln: »Alles Vergängliche / Ist nur ein Gleichnis«. Mit Unterbrechen und Wiederaufnehmen geht es quälend langsam am großen Lebensdrama weiter. Keiner der Freunde und Bekannten weiß, wie weit der »Faust« eigentlich gediehen ist, selbst Schiller nicht, der immer befürchtet, Goethe zerstreue sich über seinen wissenschaftlichen Liebhabereien allzusehr. Aber dann liegt der erste Teil pünktlich zur Ostermesse 1808 vor, und allmählich beginnt sich bei den Lesern die Vorstellung durchzusetzen: Der das geschrieben hat, ist unser Größter.

Nach der Veröffentlichung des ersten Teils der Tragödie soll es nun an den zweiten gehen, doch schieben sich andere Werke in den Vordergrund: der sonderbare Roman »Die Wahlverwandtschaften« (1809) und die großangelegte »Farbenlehre« (1810).

1805 hatte Napoleon in der Dreikaiserschlacht von Austerlitz die Österreicher und Russen besiegt; bald wird auch Preußen in den Krieg verwickelt, hat aber keine Chance gegen die gewaltige französische Armee. Die Schlacht von Jena und Auerstedt am 14. Oktober 1806 nimmt ihren verheerenden Lauf. Am Abend dieses Tages fliegen schon die ersten Kanonenkugeln durch die Dächer Weimars. Goethe kommt glimpflich davon. Als betrunkene Soldaten in sein Haus am Frauenplan eindringen, wirft sich ihnen Christiane entgegen, schimpft wie ein Rohrspatz und kann sich endlich mit ihrem Mann in den hinteren Räumen einschließen. Ihr Ehemann vor dem Gesetz wird Goethe jetzt tatsächlich. Am 19. Oktober, nur wenige Tage nach dem Schrecken, findet die Trauung in Anwesenheit von Sohn August und Sekretär Riemer statt; die Weimarer haben wieder etwas, um sich das Maul zu zerreißen.

Bald gehen Forschen und Dichten in alter Intensität weiter. 1807 beginnen die Arbeiten an dem Roman »Wilhelm Meisters Wanderjahre«. Wieder gibt es viele Unterbrechungen, aber das kennen wir ja nun schon. Erst 1829 ist das Werk vollendet. Eingebaut sind einige Novellen, von denen die merkwürdigste sicher »Der Mann von fünfzig Jahren« ist: Die ganz heutig wirkende Auseinandersetzung mit der Midlife-crisis schlägt das Thema zum erstenmal in der deutschen Literatur an. Es ist Goethe nur allzu vertraut. Zwischen 1807 und 1810 wird er von einigen heftigen, oft nur halb eingestandenen Verliebtheiten heimgesucht, die allesamt sehr jungen Frauen gelten. Das könnte uns herzlich gleichgültig sein, wenn nicht gerade aus ihnen ergreifende, den Unberechenbarkeiten der Liebe gewidmete Dichtungen hervorgehen.

Der 60jährige tritt nun in eine Werkperiode ein, die in starkem Maße von Erinnerung geprägt ist. Zwischen 1810 und 1813 ist er mit den ersten drei Bänden von »Dichtung und Wahrheit« befaßt, Büchern, die sich überraschend gut verkaufen und gern gelesen werden. Die Auseinandersetzung mit dem eigenen Leben geht weiter mit der »Italienischen Reise«, seinem später beliebtesten Bekenntniswerk. (Noch der Lehrer in der Filmkomödie »Go, Trabbi, go« von 1990 wird auf seiner Reise im fragilen DDR-Gefährt unentwegt Passendes daraus zitieren.)

Die mittlerweile fast alljährlichen Kuraufenthalte im Böhmischen bieten gleichermaßen Erholung an Leib und Seele, Gelegenheit, die literarischen Geschäfte weiterzutreiben, und gesellschaftliche Höhepunkte. Im Frühsommer 1814 tritt Goethe eine Fahrt in die Rhein- und Maingegenden an, die schicksalhaft werden soll. Nachdem seine lyrische Produktion jahrelang stagniert hat, weckt die Lektüre des persischen Dichters Hafis seine Kreativität auf dieser Reise wieder auf und stachelt sie förmlich an. Er schickt 30 Gedichte nach Hause, Ende des Jahres sind es 140, im Jahr darauf sogar 170. Langsam kristallisiert sich ein Sammeltitel heraus: »West-östlicher Divan«.

1816 stirbt Christiane qualvoll an einer Harnvergiftung. »Letzter fürchterlicher Kampf ihrer Natur«, heißt es in Goethes Tagebuch. »Sie verschied gegen Mittag. Leere und Totenstille in und außer mir.« Ein Jahr später ist die Hochzeit von August von Goethe mit Ottilie von Pogwisch. Bald gibt es Nachwuchs: 1818 Walther, 1820 Wolfgang und 1827 Alma. Ottilie tritt als Dame des Hauses in Erscheinung und wehrt dem Ansturm der Besucher, die den Dichter immer heftiger bedrängen.

Sein »Hauptgeschäft« ist und bleibt es, den zweiten Teil des großen Dramas voranzubringen. »Es sind über sechzig Jahre«, schreibt er im März 1832 an Wilhelm von Humboldt, »daß die Konzeption des Faust bei mir jugendlich von vorne herein klar, die ganze Reihenfolge hin weniger ausführlich vorlag.« In immer neuen Anläufen hat er sie dann doch noch ausgeführt und ein Dreivierteljahr vor seinem Tod befriedigt ins Tagebuch notiert: »Das Hauptgeschäft zustande gebracht«.

Das Jahr 1823 steht im Zeichen zweier Begegnungen, die – so unterschiedlich sie in ihrer Bedeutung sein mögen – für das Leben des alten Goethe ganz wesentlich waren. Zum einen kommt Johann Peter Eckermann nach Weimar und bleibt als allzeit getreuer, ja aufopfernder Sekretär, der ab sofort bei allen großen Werkausgaben herangezogen wird. Zum andern verliebt sich der 74jährige während der üblichen Sommerkur – diesmal in Marienbad – in die 19jährige Ulrike von Levetzow; eine Beziehung, die von vornherein zum Scheitern verurteilt ist, den alten Mann aber noch einmal in die Qualen und Entzückungen einer großen Leidenschaft stürzt. Der Schmerz über diese Nicht-Beziehung findet seinen Ausdruck in der »Marienbader Elegie«.

1828 erscheint eine bis ins kleinste kalkulierte Erzählung, in der Goethe symbolisch stark verschlüsselt von seiner alten Utopie erzählt, »wie das Unbändige, Unüberwindliche oft besser durch Liebe und Frömmigkeit als durch Gewalt bezwungen werde«. Der Titel des kleinen Werks steht lange nicht fest.

»Wissen Sie was«, sagt er schließlich zu Eckermann, »wir wollen es die ›Novelle‹ nennen, denn was ist eine Novelle anders als eine sich ereignete unerhörte Begebenheit.«

Seinen letzten Geburtstag begeht der Greis in Ilmenau. In Begleitung der Enkel Walther und Wolfgang steigt er noch einmal zum Kickelhahn hinauf, wo er einst sein berühmtestes Gedicht »Über allen Gipfeln ist Ruh« an die Bretterwand der Jagdhütte geschrieben hatte. Der 82jährige liest die Verse. Tränen fließen ihm über die Wangen. »Ja, warte nur«, wiederholt er die Schlußzeilen, »balde ruhest du auch.«

Am 16. März 1832 erkrankt Goethe an einem grippalen Infekt, der zur Lungenentzündung wird. Die Nächte verbringt er unruhig und mit Schmerzen. Als er das Datum des 22. März erfährt, sagt er: »Also hat der Frühling begonnen, und wir können uns um so eher erholen.« Kurz darauf stirbt er in Ottiliens Armen.

Chronik

1749 Goethe wird am 28. August in Frankfurt am Main geboren.
1765–1768 Jura-Studium in Leipzig. Blutsturz. Heimkehr.
1770–1771 Studium in Straßburg. Lernt Herder kennen. Liebe zu Friederike Brion.
1772 Praktikum am Reichskammergericht in Wetzlar. Lernt Charlotte Buff kennen.
1773 »Götz von Berlichingen mit der eisernen Hand«.
1774 »Clavigo«, »Die Leiden des jungen Werthers«.
1775 Goethe nimmt eine Einladung Carl Augusts nach Weimar an. 1776 der Entschluß, dort zu bleiben. Einzug ins Gartenhaus an der Ilm.
1776 Beginn seines Staatsdienstes. Freundschaft mit Charlotte von Stein und Wieland.
1782 Einzug ins Haus am Frauenplan. Adelsdiplom durch Kaiser Joseph II.

1784	Entdeckung des menschlichen Zwischenkieferknochens.
1786–1788	Nach Kuraufenthalt in Karlsbad heimliche Abreise nach Italien. Intensives Malen und Zeichnen. »Iphigenie auf Tauris« und »Egmont« werden beendet.
1788	Wieder in Weimar, lernt er Christiane Vulpius kennen. »Römische Elegien«.
1789	August von Goethe wird geboren (25. Dezember).
1790	»Torquato Tasso«, »Venezianische Epigramme«.
1792–1795	Goethe begleitet Carl August auf der Kampagne in Frankreich und erlebt die Kanonade von Valmy (20. September 1792). »Reineke Fuchs« (1794), »Wilhelm Meisters Lehrjahre« (1795/96).
1794	Beginn der Freundschaft mit Schiller.
1795–1797	»Das Märchen« (1795), »Xenien« (zusammen mit Schiller, 1796), »Hermann und Dorothea« (1797), zahlreiche Balladen (1797).
1805	Tod Schillers (9. Mai).
1806	Schlacht bei Jena (14. Oktober). Besetzung Weimars. Goethe und Christiane werden getraut (15. Oktober).
1808	»Faust, erster Teil« erscheint.
1809	»Die Wahlverwandtschaften« (1808/09).
1810	»Zur Farbenlehre«.
1811	»Aus meinem Leben. Dichtung und Wahrheit« (1811–1822).
1816	Tod Christianes (6. Juni).
1817	August von Goethe heiratet Ottilie von Pogwisch (17. Juni). »Italienische Reise. Erster Teil«.
1819	»West-östlicher Divan«.
1823	Erster Besuch Eckermanns bei Goethe. Nach schwerer Herzbeutelentzündung Kur in Marienbad; dort Liebe zu der 19jährigen Ulrike von Levetzow und Entsagung.

1828 »Novelle«, »Gedichte«, »Briefwechsel zwischen Schiller und Goethe« (1828/29).
1829 »Wilhelm Meisters Wanderjahre«, »Italienische Reise. Zweiter Teil«.
1832 Goethe stirbt am 22. März. »Faust, der Tragödie zweiter Teil« erscheint postum.

Jeder kennt ihn: Goethes Wirkung

Wann ist ein Schriftsteller berühmt? Wenn er außer bedeutenden Freunden auch bedeutende Feinde hat. Wenn seine Werke viel übersetzt und immer wieder verfilmt werden. Wenn ihm Briefmarken gewidmet sind. All das trifft auf Goethe zu.

Von Jugend an hatte er, den eine besondere Aura von Sympathie umgeben haben muß, viele Freunde. »Sein Geist hat alle Menschen, die sich zu seinem Zirkel zählen, gemodelt«, schrieb Schiller später. »Er wird von sehr vielen Menschen mit einer Art Anbetung genannt, und mehr noch als Mensch, denn als Schriftsteller.« Ganz anders dagegen der zu einer neuen Autorengeneration gehörende Heinrich Heine: »Daß ich dem Aristokratenknecht Goethe mißfalle, ist natürlich. Sein Tadel ist ehrend, seitdem er alles Schwächliche lobt. Er fürchtet die anwachsenden Titanen. Er ist jetzt ein schwacher abgelebter Gott, den es verdrießt, daß er nichts mehr erschaffen kann.« Seit dem Ende des 18. Jahrhunderts zieht sich die Goethe-Kritik wie ein roter Faden durch die deutsche Literaturgeschichte. Die Autoren des Vormärz mochten ihn nicht, auch Kleist, Büchner und Heinrich Mann nicht, und in der Gegenwart setzten Enzensberger und Martin Walser dem Nachruhm schwer zu.

Goethe ist vermutlich der meistübersetzte deutsche Dichter. In über 60 Sprachen gibt es seine Werke, das Sächsische, Hessische, Schwäbische und Bayerische oder Volapük und Esperanto nicht mitgerechnet. Am meisten haben ihn bisher die

Japaner übersetzt, die allein im vergangenen Jahrhundert wenigstens sieben Versionen des »Werther« auf den Markt brachten. Bis zum Ende der Sowjetunion erschienen dort rund 90 Übersetzungen – darunter gleich 22 des »Faust« – und eine 13bändige Werkausgabe.

Bereits 1888 kam die erste Goethe-Briefmarke heraus. Es war die orangefarbene 2-Pfennig-Marke der privaten Stadtpost Altona. Bis zum Ende des Zweiten Weltkriegs war die Zahl der Marken im In- und Ausland auf 35 gestiegen. Seither sind, nicht zuletzt wegen der Goethejahre 1949 und 1999, mindestens noch einmal so viele hinzugekommen.

1894 erfand der Franzose Lumière den ersten brauchbaren Kinematographen. Schon zwei Jahre später drehte er ein »Faust«-Filmchen. 1897 folgte ihm sein ewiger Widersacher Méliès mit »Faust und Margarete«, einer knalligen Bilderfolge, die ihm stattliche Einnahmen auf allen französischen Jahrmärkten sicherte. Es folgten Filme ohne Zahl, die sich mit Goethes Leben und Werk beschäftigten. Hervorzuheben ist der erste Teil des »Faust« (1960) mit Gustaf Gründgens (Mephisto) und Will Quadflieg (Faust), der Millionen in die Kinos lockte. Zu den schönsten neueren Werk-Verfilmungen gehört sicher Paolo und Vittorio Tavianis »Wahlverwandtschaften« (1996). Im Expo-Jahr 2000 wurde Peter Steins gigantisches »Faust«-Spektakel nicht nur auf der Bühne gezeigt, sondern lief auch während mehrerer Tage und auf mehreren Kanälen im Fernsehen.

Die hartnäckig fortlebende Behauptung, es hätte sich dabei um die erste professionelle Aufführung des vollständigen, um keinen Vers gekürzten Dramas gehandelt, stimmt allerdings nicht. Die dem Werk Goethes seit jeher besonders verpflichteten Anthroposophen haben ihn schon 1938 – und seither immer wieder – am Goetheanum zu Dornach in voller Länge gespielt. Diese Veranstaltung für strapazierfähige Goethefreunde dauert rund 24 Stunden, verteilt auf fünf Tage.

Natürlich haben sich auch die Komponisten von Goethe anregen lassen. Von Hector Berlioz stammt die musikalische Legende

»La damnation de Faust« (1846), von Charles Gounod die Oper »Margarethe« (1859) mit dem berühmten Faust-Walzer. Franz Léhar zeigte mit seiner Operette «Friederike» (1928), daß auch in Goethes Leben Musike ist: Die Arie »O Mädchen, mein Mädchen« blieb über Jahrzehnte hinweg ein Ohrwurm. Und schließlich nahm sich das Musical seiner an: Randy Newman's »Faust« (1995) war ein prächtiger CD-Erfolg, nicht zuletzt wegen der hochkarätigen Besetzung mit dem Komponisten selbst (Mephisto), Linda Ronstadt (Gretchen) und Elton John (Engel).

Die zahlreichen Roman-Adaptionen aufzuzählen würde einfach zu weit führen, weshalb nur drei besonders folgenreiche genannt seien. Thomas Manns »Lotte in Weimar« (1939; von der DEFA 1975 mit Lilli Palmer verfilmt) schildert eine Wiederbegegnung Charlotte Buffs mit dem alten Goethe in einer dem späten Stil des Dichters ironisch angenäherten Weise. Michail Bulgakows »Der Meister und Margarita« (1966/67), eine tollkühne Faust-Paraphrase, verlegt ihr Geschehen in das Moskau der 30er Jahre und geriet nach Erscheinen zu einer Weltsensation. Ulrich Plenzdorfs »Die neuen Leiden des jungen W.« (1973), ein Text, der gleichermaßen erfolgreich als Roman, Theaterstück und Fernsehspiel war, bot einer neuen Generation von Lehrern die Gelegenheit, einer neuen Generation von Schülern den »Werther«-Stoff wieder nahezubringen.

»Wieviel Goethe braucht der Mensch?« ist eine häufig gestellte Frage unter Essayisten. Die Spötter haben dann immer geantwortet: Bloß nicht mehr soviel wie bisher! Gottfried Keller verdroß es schon 1884, daß jedes Gespräch von diesem geweihten Namen beherrscht wurde, »jede neue Publikation über Goethe beklatscht – er selbst aber nicht mehr gelesen«.

»Wenn ich eine Schule oder Hochschule zu leiten hätte«, schrieb Hermann Hesse 1932, »so würde ich die Lektüre Goethes verbieten und sie als höchste Belohnung den Besten, Reifsten, Wertvollsten vorbehalten.« Dem ließe sich Ernst Jüngers Behauptung entgegenstellen: »Die Langeweile wird die Bestände fürchterlicher mustern als jedes Buchverbot.« In seiner

Zeitschrift »Die literarische Welt« stellte Willy Haas einst die provozierende Frage: »Soll das Goethe-Jahr 1932 gefeiert werden?«, und legte dem Publikum der Nachinflationszeit die Antwort gleich in den Mund: »Haben Sie wirklich keine anderen Sorgen?« Er wünschte sich, daß die wenigen, die legitimiert seien, über Goethe zu sprechen, laut und vernehmlich – schwiegen.

Aber natürlich wurde geredet, und zwar um so lauter, je mehr er einer Sache dienstbar gemacht werden sollte, was sich auch nach 1945 in Ost und West keineswegs änderte. (Wobei freilich nicht vergessen werden sollte, daß die deutschen Klassiker bei den Lesern zwischen Rostock und Dresden weitaus lebendiger waren als zur selben Zeit in der alten Bundesrepublik.)

Und wieviel Goethe braucht der Mensch nun wirklich? Leider – oder Gott sei Dank? – gehört er nicht mehr zum kulturellen Muß. Keiner hat es mehr nötig, sich zu verteidigen, wenn er seine Werke nicht kennt. Jeder darf ihn heute für sich selbst entdecken. Freiwillig.

Geflügelte Worte oder Goethe für ganz Eilige

Xenien

Vom Vater hab ich die Statur,
Des Lebens ernstes Führen,
Vom Mütterchen die Frohnatur
Und Lust zu fabulieren

Der Rezensent

Schlagt ihn tot, den Hund! Es ist ein Rezensent

Anhang

Dichtung und Wahrheit

Prophete rechts, Prophete links,
das Weltkind in der Mitten

Götz von Berlichingen

im Arsch lecken

Heidenröslein

Und der wilde Knabe brach
's Röslein auf der Heiden
Half ihm doch kein Weh und Ach

Neue Liebe, neues Leben

Herz, mein Herz, was soll das geben?

Claudine von Villa Bella

Mit Mädeln sich vertragen,
Mit Männern 'rumgeschlagen,
Und mehr Credit als Geld,
So kommt man durch die Welt

Der Fischer

Das Wasser rauscht', das Wasser schwoll

Da war's um ihn geschehn:
Halb zog sie ihn, halb sank er hin

Wandrers Nachtlied

Ach, ich bin des Treibens müde

Selig, wer sich vor der Welt
Ohne Haß verschließt

Ein Gleiches

Warte nur, balde
Ruhest du auch

Erlkönig

Wer reitet so spät durch Nacht und Wind?
Es ist der Vater mit seinem Kind

Du liebes Kind, komm, geh mit mir!

Ich liebe dich, mich reizt deine schöne Gestalt
Und bist du nicht willig, so brauch ich Gewalt!

Erreicht den Hof mit Müh und Not

Das Göttliche

Edel sei der Mensch,
hilfreich und gut

Iphigenie

Das Land der Griechen mit der Seele suchend

Anhang

Egmont

Das kommt mir spanisch vor
(im Original: Ich versprach dir, einmal spanisch zu kommen)

Beherzigung

Eines schickt sich nicht für alle!
Sehe jeder, wie er's treibe,
Sehe jeder, wo er bleibe,
Und wer steht, daß er nicht falle

Torquato Tasso

Erlaubt ist, was gefällt

Willst du genau erfahren, was sich ziemt,
So frage nur bei edlen Frauen an

Faust. Zueignung

Ihr naht euch wieder, schwankende Gestalten

Faust. Vorspiel auf dem Theater

Wer vieles bringt, wird manchem etwas bringen

Greift nur hinein ins volle Menschenleben!

Und wo ihr's packt, da ist's interessant

Der Worte sind genug gewechselt,
Laßt mich auch endlich Taten sehn!

GEFLÜGELTE WORTE ODER GOETHE FÜR GANZ EILIGE

Faust. Prolog im Himmel

Es irrt der Mensch, solang er strebt

Faust. Erster Teil

Da steh ich nun, ich armer Tor!
Und bin so klug als wie zuvor

Daß ich erkenne, was die Welt
im Innersten zusammenhält

Du gleichst dem Geist, den du begreifst

Fülle der Gesichte

Wenn ihr's nicht fühlt, ihr werdet's nicht erjagen

Verzeiht! Es ist ein groß Ergötzen,
Sich in den Geist der Zeiten zu versetzen,
Zu schauen, wie vor uns ein weiser Mann gedacht
Und wie wir's dann zuletzt so herrlich weit gebracht

Was ihr den Geist der Zeiten heißt,
Das ist im Grund der Herren eigner Geist

Du bleibst doch immer, was du bist

Fehlt leider nur das geistige Band

Denn was man schwarz auf weiß besitzt,
Kann man getrost nach Hause tragen

Vernunft wird Unsinn, Wohltat Plage;
Weh dir, daß du ein Enkel bist!

Anhang

Denn eben, wo Begriffe fehlen,
Da stellt ein Wort zur rechten Zeit sich ein

Mit Worten läßt sich trefflich streiten

Ich bin des trocknen Tons nun satt

Grau, teurer Freund, ist alle Theorie

Ein garstig Lied! Pfui! Ein politisch Lied!

Mein Leipzig lob ich mir!
Es ist ein klein Paris und bildet seine Leute

Den Teufel spürt das Völkchen nie,
Und wenn er sie beim Kragen hätte

Gewöhnlich glaubt der Mensch, wenn er nur Worte hört,
Es müsse sich dabei doch auch was denken lassen

Mein schönes Fräulein, darf ich wagen,
Meinen Arm und Geleit Ihr anzutragen?

Bin weder Fräulein, weder schön,
Kann ungeleitet nach Hause gehn

Nach Golde drängt,
Am Golde hängt
Doch alles!

Meine Ruh ist hin,
Mein Herz ist schwer

Name ist Schall und Rauch

Nachbarin! Euer Fläschchen!

Was du ererbt von deinen Vätern hast,
Erwirb es, um es zu besitzen

Hier bin ich Mensch, hier darf ich's sein

Mit Euch, Herr Doktor, zu spazieren,
Ist ehrenvoll und ist Gewinn

Was man nicht weiß, das eben brauchte man,
Und was man weiß, kann man nicht brauchen

Zwei Seelen wohnen, ach! in meiner Brust

Knurre nicht, Pudel!

Die Müh ist klein, der Spaß ist groß

Mich faßt ein längst entwohnter Schauer,
Der Menschheit ganzer Jammer faßt mich an

Faust. Zweiter Teil

Im Deutschen lügt man, wenn man höflich ist

Selbst ist der Mann!

Das ist der Weisheit letzter Schluß:
Nur der verdient sich Freiheit wie das Leben,
Der täglich sie erobern muß

Solch ein Gewimmel möcht ich sehn,
Auf freiem Grund mit freiem Volke stehn.

ANHANG

Zum Augenblicke dürft ich sagen:
Verweile doch, du bist so schön!
Es kann die Spur von meinen Erdetagen
Nicht in Aeonen untergehn

Wilhelm Meisters Lehrjahre

Ich singe, wie der Vogel singt

O Trank der süßen Labe!

Wer nie sein Brot mit Tränen aß,
Wer nie die kummervollen Nächte
Auf seinem Bette weinend saß,
Der kennt euch nicht, ihr himmlischen Mächte

Das Land, wo die Zitronen blühn

Was hat man dir, du armes Kind, getan?

Nur wer die Sehnsucht kennt,
Weiß, was ich leide!

Der Zauberlehrling

Die ich rief, die Geister,
Werd' ich nun nicht los

Der Schatzgräber

Arm am Beutel, krank am Herzen

Tages Arbeit! Abends Gäste!
Saure Wochen! Frohe Feste!

Was wir bringen

In der Beschränkung zeigt sich erst der Meister

Tischlied

Mich ergreift, ich weiß nicht wie,
Himmlisches Behagen

Epilog zu Schillers Glocke

Denn er war unser!

Vanitas! Vanitatum vanitas!

Ich hab mein Sach' auf nichts gestellt

Die Wahlverwandtschaften

Der rote Faden

Ergo bibamus!

Hier sind wir versammelt zu löblichem Tun

ANHANG

Vorspruch zur Werkausgabe von 1815

Bilde, Künstler! Rede nicht!

Sprichwörtlich

Alles in der Welt läßt sich ertragen,
Nur nicht eine Reihe von schönen Tagen.

Epigrammatisch

Wer sich nicht selbst zum Besten haben kann,
Der ist gewiß nicht von den Besten

Wie du mir, so ich dir

Mann mit zugeknöpften Taschen,
Dir tut niemand was zulieb;
Hand wird nur von Hand gewaschen;
Wenn du nehmen willst, so gib!

West-östlicher Divan

Stirb und werde!

Getretner Quark wird breit, nicht stark

Jugend ist Trunkenheit ohne Wein

Wer das Dichten will verstehen,
Muß ins Land der Dichtung gehen;

Wer den Dichter will verstehen,
Muß in Dichters Lande gehen

Gottes ist der Orient!
Gottes ist der Okzident!
Nord- und südliches Gelände
Ruht im Frieden seiner Hände

Zur Farbenlehre

Wär nicht das Auge sonnenhaft,
Die Sonne könnt' es nie erblicken

Xenien

Amerika, du hast es besser

Wer Wissenschaft und Kunst besitzt,
Hat auch Religion;
Wer diese beiden nicht besitzt,
Der habe Religion

Urworte Orphisch

Nach dem Gesetz, wonach du angetreten

Und keine Zeit und keine Kraft zerstückelt
Geprägte Form, die lebend sich entwickelt

Anhang

Kleine Warnung für Voreilige

Goethe liebt man nicht. Goethe kann man, wenn's gut geht, lieben lernen. Daß es sich lohnt – ich sagte es eingangs – davon bin ich mittlerweile überzeugt. Und wenn meine Nacherzählungen den einen oder anderen dazu verlocken, die Originale selber zu lesen, würde mich das natürlich freuen.

Aber Vorsicht: Meine Geschichten sind nicht Goethes Geschichten. Er hat die seinen vor 200 Jahren und in seinem höchsteigenen Stil geschrieben. In epischer Breite, dramatischer Kunstfertigkeit und unterfüttert mit vielen Weisheiten. Er hat sie mit den damals gebräuchlichen Worten geschrieben, mit unnachahmlicher Farbigkeit zwar, aber manchmal auch mit anstrengender Pedanterie. Das muß man hinnehmen, will man sich dem einzig echten, wahren Goethe nähern. Es wirklich anzunehmen wird in den meisten Fällen erst allmählich gelingen. Am leichtesten fällt, glaube ich, die Lektüre seiner Liebesgedichte oder wenn man sich seine Stücke im Theater ansieht. Ansonsten »klingt« Goethe so:

Faust. Der Tragödie erster Teil

Habe nun, ach! Philosophie,
Juristerei und Medizin,
Und leider auch Theologie
Durchaus studiert, mit heißem Bemühn.
Da steh ich nun, ich armer Tor,
Und bin so klug als wie zuvor!

Faust. Der Tragödie zweiter Teil

Anmaßlich find ich, daß zur schlechtsten Frist
Man etwas sein will, wo man nichts mehr ist.
Des Menschen Leben lebt im Blut, und wo

KLEINE WARNUNG FÜR VOREILIGE

Bewegt das Blut sich wie im Jüngling so?
Das ist lebendig Blut in frischer Kraft,
Das neues Leben sich aus Leben schafft.

Götz von Berlichingen

Ja, vertrag du mit den Pfaffen! Wie der Bischof sah, er richt nichts aus und zieht immer den kürzern, kroch er zum Kreuz und war geschäftig, daß der Vergleich zustand käm. Und der getreuherzige Berlichingen gab unerhört nach, wie er immer tut, wenn er im Vorteil ist.

Egmont

Und ebenso natürlich ist's, daß der Bürger von dem regiert sein will, der mit ihm geboren und erzogen ist, der gleichen Begriff mit ihm von Recht und Unrecht gefaßt hat, den er als seinen Bruder ansehen kann.

Iphigenie auf Tauris

Entsetzlich wechselt mir der Grimm im Busen
Erst gegen sie, die ich so heilig hielt,
Dann gegen mich, der ich sie zum Verrat
Durch Nachsicht und durch Güte bildete.

Torquato Tasso

Mir scheint nicht rätlich, daß du dich entfernst
In dem Moment, da dein vollendet Werk
Dem Fürsten und der Fürstin dich empfiehlt.
Ein Tag der Gunst ist wie ein Tag der Ernte:
Man muß geschäftig sein, sobald sie reift.

Anhang

Die Leiden des jungen Werthers

Wenn man mich nun gar fragt, wie sie mir gefällt? – Gefällt! das Wort hasse ich auf den Tod. Was muß das für ein Mensch sein, dem Lotte gefällt, dem sie nicht alle Sinne, alle Empfindungen ausfüllt!

Wilhelm Meisters Lehrjahre

Die Entfernung Philinens machte keine auffallende Sensation weder auf dem Theater noch im Publiko. Es war ihr mit allem wenig Ernst; die Frauen haßten sie durchgängig, und die Männer hätten sie lieber unter vier Augen als auf dem Theater gesehen, und so war ihr schönes und für die Bühne selbst glückliches Talent verloren.

Wilhelm Meisters Wanderjahre oder Die Entsagenden

Sogar der Besonnenste ist im täglichen Weltleben genötigt, klug für den Augenblick zu sein, und gelangt deswegen im allgemeinen zu keiner Klarheit. Selten weiß er sicher, wohin er sich in der Folge zu wenden und was er eigentlich zu tun und zu lassen habe.

Die Wahlverwandtschaften

Ich fühle recht wohl, daß das Los von mehreren jetzt in meinen Händen liegt; und was ich zu tun habe, ist bei mir außer Zweifel und bald ausgesprochen. Ich willige in die Scheidung. Ich hätte mich früher dazu entschließen sollen; durch mein Zaudern, mein Widerstreben habe ich das Kind getötet. Es sind gewisse Dinge, die sich das Schicksal hartnäckig vornimmt.

Kleine Warnung für Voreilige

Unterhaltungen deutscher Ausgewanderten

Der Geheimerat scherzte darauf mit einiger Bitterkeit über junge Leute, die einen Gegenstand zu idealisieren geneigt seien; Karl schonte dagegen diejenigen nicht, welche nur nach alten Formen denken könnten und, was dahinein nicht passe, notwendig verwerfen müßten.

Das Märchen

Die Weiber schrien laut, und der Tempel schütterte wie ein Schiff, das unvermutet ans Land stößt. Ängstlich irrten die Frauen in der Dämmerung um die Hütte; die Türe war verschlossen, und auf ihr Pochen hörte niemand. Sie pochten heftiger und wunderten sich nicht wenig, als zuletzt das Holz zu klingen anfing. Durch die Kraft der verschlossenen Lampe war die Hütte von innen heraus zu Silber geworden.

Novelle

Was denn aber auch Bängliches von solchen Schreckensbildern mochte übriggeblieben sein, alles und jedes war sogleich ausgelöscht, als man, zum Tore hinausgelangt, in die heiterste Gegend eintrat.

Der Mann von funfzig Jahren

In äußerster Verwirrung stand der edle Mann vor ihr, ihn durchdrang eine unbekannte Rührung. »Setzen wir uns«, sagte, die Augen trocknend, das allerliebste Wesen. »Verzeihen Sie mir, bedauern Sie mich, Sie sehen, wie ich bestraft bin.« Sie hielt ihr gesticktes Tuch abermals vor die Augen und verbarg, wie bitterlich sie weinte.

ANHANG

Hermann und Dorothea

Hab ich den Markt und die Straßen doch nie so einsam gesehen!
Ist doch die Stadt wie gekehrt! wie ausgestorben! Nicht funfzig,
Deucht mir, blieben zurück von allen unsern Bewohnern.
Was die Neugier nicht tut! So rennt und läuft nun ein jeder,
Um den traurigen Zug der armen Vertriebnen zu sehen.

Reineke Fuchs

Pfingsten, das liebliche Fest, war gekommen; es grünten und
   blühten
Feld und Wald; auf Hügeln und Höhn, in Büschen und Hecken
Übten ein fröhliches Lied die neuermunterten Vögel;
Jede Wiese sproßte von Blumen in duftenden Gründen,
Festlich heiter glänzte der Himmel und farbig die Erde.

Römische Elegien

Saget, Steine, mir an, o sprecht, ihr hohen Paläste!
   Straßen, redet ein Wort! Genius, regst du dich nicht?
Ja, es ist alles beseelt in deinen heiligen Mauern,
   Ewige Roma; nur mir schweiget noch alles so still.

West-östlicher Divan

   Nord und West und Süd zersplittern,
   Throne bersten, Reiche zittern,
   Flüchte du, im reinen Osten
   Patriarchenluft zu kosten,
   Unter Lieben, Trinken, Singen
   Soll dich Chisers Quell verjüngen.

Italienische Reise

Es ist ganz eigen, daß man deutlich sehen und wissen kann, was gut und besser ist; will man sich's aber zueignen, so schwindet's gleichsam unter den Händen, und wir greifen nicht nach dem Rechten, sondern nach dem, was wir zu fassen gewohnt sind.

Goethe für Geduldige

Goethes Werke und Werkauswahlen

Hamburger Ausgabe: Werke. Band 1–14. Hrsg. von Erich Trunz. München: Deutscher Taschenbuch Verlag 1982.

Herz, mein Herz, was soll das geben? Goethes schönste Gedichte. Berlin: Aufbau-Verlag 1999.

Mit Seide näht man keinen groben Sack. Kleine feine Gemeinheiten. Ausgewählt von Klaus Seehafer. Berlin: Aufbau Taschenbuch Verlag 1999.

Briefe und Briefwechsel

Goethes Briefe an Charlotte von Stein. Umgearbeitete Neuausgabe. Hrsg. von Jonas Fränkel. Band 1–2. Berlin: Akademie-Verlag 1960.

Goethes Briefwechsel mit seiner Frau. Band 1–2. Hrsg. von Hans Gerhard Gräf. Frankfurt a. M.: Insel Verlag 1989.

Johann Wolfgang von Goethe/Friedrich von Schiller: Briefwechsel. Band 1–2. Hrsg. von Emil Staiger. Frankfurt a. M.: Insel Verlag (Insel-Taschenbuch Nr. 250).

Lebenszeugnisse

Goethe in vertraulichen Briefen seiner Zeitgenossen. Band 1–3. Zusammengestellt von Wilhelm Bode. Berlin: Aufbau Taschenbuch Verlag 1999.

Johann Peter Eckermann: Gespräche mit Goethe in den letzten Jahren seines Lebens. Berlin/Weimar: Aufbau-Verlag 1982.

ANHANG

Biografien
Richard Friedenthal: Goethe. Sein Leben und seine Zeit. München: Piper 1999.
Klaus Seehafer: Johann Wolfgang Goethe. Mein Leben ein einzig Abenteuer. Biografie. Berlin: Aufbau Taschenbuch Verlag 2000.

Familie
Sigrid Damm: Christiane und Goethe. Eine Recherche. Frankfurt a. M.: Insel Verlag 1998.
Dagmar von Gersdorff: Goethes Mutter. Frankfurt a. M.: Insel Verlag 2001.
Wilhelm Bode: Goethes Sohn. Biographie. Hrsg. von Gabriele Radecke. Berlin: Aufbau Taschenbuch Verlag 2002.

Goethes Weimar
Effi Biedrzynski: Goethes Weimar. Das Lexikon der Personen und Schauplätze. München: Artemis & Winkler 1992.
Paul Raabe: Spaziergänge durch Goethes Weimar. Zürich: Arche Verlag 1990.

Goethe für jeden Tag
Johann Wolfgang Goethe, Kleine Philosophie des Glücks. Hrsg. von Klaus Seehafer. Berlin: Aufbau-Verlag 2004.
Mit Goethe durch das Jahr. Hrsg. von Effi Biedrzynski. München: Artemis & Winkler.

Immer noch mehr?
Weitere Literatur in Helmut G. Hermanns »Goethe-Bibliographie« (1991, Reclams Universal-Bibliothek Nr. 8692).

Die Goethe-Zitate folgen der Berliner Ausgabe des Aufbau-Verlages: Goethe, Poetische Werke, Kunsttheoretische Schriften und Übersetzungen. Band 1–22, Berlin 1960–1978.

»Man muß sich die Kunden des Aufbau-Verlages als glückliche Menschen vorstellen.«

SÜDDEUTSCHE ZEITUNG

Streifzüge mit Büchern und Autoren:
Das Kundenmagazin der Aufbau Verlagsgruppe erhalten Sie kostenlos in Ihrer Buchhandlung und als Download unter www.aufbau-verlag.de.

Machen Sie's kurz!
Klassiker für Eilige

KARLA REIMERT
Kafka für Eilige
Wie oft findet sich der Leser als »umgedrehter Käfer« vor Franz Kafkas heller und doch unergründlicher Prosa wieder, nur hilflos ausgestattet mit dem Begriff des »Kafkaesken«? Karla Reimert nähert sich dem Prager Autor und seinen Artisten, Asketen und Angestellten auf beherzte Art und erzählt seine Romane, Erzählungen und biographischen Schriften ganz anschaulich, humorvoll und geistreich nach.
224 Seiten. AtV 2019

MAREI GERKEN
Proust für Eilige
Keine Zeit für Proust? Zwar ahnen wir, daß uns etwas Wunderbares entgeht, doch läßt der Umfang von »Auf der Suche nach der verlorenen Zeit« die meisten Leser vor dem berühmten Werk zurückschrecken. Dieses Buch schafft Abhilfe – aber Vorsicht!, nur für kurze Zeit, denn eines weiß man danach mit Gewißheit: Es entgeht einem etwas Wunderbares, wenn man sich keine Zeit für Proust nimmt.
»Appetithappen!« MAIN-ECHO
224 Seiten. AtV 1966

TORSTEN STEINBERG
Heine für Eilige
»Mein Herz, mein Herz ist traurig/ Doch lustig leuchtet der Mai« – diese Verszeilen hat wohl jeder auf den Lippen, denkt er an Heinrich Heine. Doch wer kennt heute noch die »Romantische Schule«, die »Memoiren des Herrn Schnabelewopski« oder die »Reisebilder«, für die der Dichter schon zu Lebzeiten hochgeachtet und berüchtigt war? Torsten Steinberg zeigt neue Wege, sich diesem »vielleicht größten deutschen Dichter nach Goethe« anzunähern.
201 Seiten. AtV 1948

KERSTIN DECKER
Oscar Wilde für Eilige
»Das Gespenst von Canterville« ist Wildes meistgelesene Erzählung. Berühmtheit erlangte er mit seinem einzigen Roman »Das Bildnis des Dorian Gray«. Seine Kunstmärchen gehören zu den schönsten der Weltliteratur, und »Bunbury oder Ernst sein ist alles« ist eine der genialsten Gesellschaftskömodien überhaupt. Die Nacherzählerin Kerstin Decker hält sich streng an den Grundsatz, daß ein Autor alles darf, nur nicht langweilen.
168 Seiten. AtV 2054

Mehr Informationen erhalten Sie unter www.aufbau-verlag.de oder bei Ihrem Buchhändler